Das Buch

»Habe ich die F...   be ich
die Freiheit, zu...   rt und
was nicht?« Sic... ...   ...anken
allerorten immer billiger zu haben sind, für Bichsel ein vertrackt
ernsthaftes Unternehmen. Deshalb steckt in vielen seiner Sätze
schon der erste Satz für eine Geschichte. In der Regel sind es
»wahre«, von der Freundlichkeit der Erfindung nicht getrübte
Geschichten. Oft sind sie zornig, traurig, auf eine böse Art ko-
misch: das liegt an den Erfahrungen, von denen sie handeln.

Der Autor

Peter Bichsel, geboren am 24. März 1935 in Luzern, wuchs in
Olten auf, besuchte das Lehrerseminar in Solothurn und arbei-
tete als Lehrer im Kanton Solothurn. Er lebt heute als freier
Schriftsteller in Bellach.

Peter Bichsel:
Geschichten
zur falschen Zeit

Deutscher
Taschenbuch
Verlag

Von Peter Bichsel außerdem erschienen:
Kindergeschichten (12151)
Irgendwo anderswo (SL 61669)
Schulmeistereien (SL 61697)
Der Busant (SL 61781)
Im Gegenteil (SL 61920)

Sammlung Luchterhand im dtv
Ungekürzte Ausgabe
Oktober 1995
Deutscher Taschenbuch Verlag GmbH & Co. KG,
München
© 1979, 1989 Luchterhand Literaturverlag GmbH, München
Gestaltungskonzept: Max Bartholl, Christoph Krämer
Umschlagbild: ›Fallenbild im Quadrat‹ von Daniel Spoerri
(© VG Bild-Kunst, Bonn 1993. Foto: Kunstmuseum
Düsseldorf im Ehrenhof)
Gesamtherstellung: Ebner Ulm
Printed in Germany · ISBN 3-423-12152-1

Inhalt

Vorbemerkung

Peter Schrader-Rottmers – ihm würden meine »Geschichten«
nicht gefallen, aber er ist mein Freund – hat mir erzählt, dass die
Haussas in der Sahara, mit denen er lebte, sich Geschichten
erzählen, damit sie nicht sprechen müssen. Die Methode ist
gefährlich, aber sie gefällt mir. Würde ich mitteilen, wer Peter
Schrader ist, dann wäre das eine Information, weil ich es nicht
tu, ist es eine Geschichte. Ich bin auf die Gunst des Lesers
angewiesen, er muss bereit sein, mir eine solch kurze Geschichte abzunehmen, das heisst, er muss sie ausfüllen mit
seiner eigenen Neigung zur Sentimentalität.
Diese »Geschichten« sind als Kolumnen, als sogenannte »PS«
von 1975–1978 im Magazin des Zürcher Tages-Anzeigers
erschienen. Ich habe sie für die Redaktorin Laure Wyss
geschrieben, ich meine, man braucht für so etwas wenigstens
einen Leser. Sie sind auf Termine und unter Zeitdruck
entstanden, und ich hätte ohne diese Termine wohl nichts
davon geschrieben. Für mich selbst habe ich sie immer
bösartigerweise »Politschnulzen« genannt. Ich war immer
wieder versucht, nur eine Auswahl dieser »PS« in Buchform zu
veröffentlichen, ich war auch versucht, zu verändern und zu
verbessern. Aber ich glaube, das hätte den journalistischen
Charakter verdorben. Sie stehen nun in der Reihenfolge hier,
wie sie im Tages-Anzeiger erschienen sind, und es ist nichts
anderes als eine Sammlung. Es macht mir Spass, sie zwischen
zwei Deckeln zu haben. Die Geschichten sind zur falschen Zeit
geschrieben, also nicht im richtigen Augenblick, und die Zeit
ist falsch, weil sie – würde man sich ganz auf sie einlassen
– solche Geschichten nicht erträgt. Es sind »wahre Geschichten«, und dieser Begriff »Wahre Geschichten« stammt aus dem
Bereich des Kitsches, die Zwischentöne – sollten solche zu
finden sein – sind als schüchternes Plädoyer für ihn gemeint.

Eine Geschichte zur falschen Zeit

Ich habe ihn seit Jahren nicht mehr gesehen, und er ist nicht erreichbar, aber er könnte morgen wieder vor der Türe stehn und lächeln und »Tag« sagen. Wenn er kommt, bleibt er einige Tage und wird seine Abreise wie immer erst eine Stunde zuvor ankündigen, und dann geht er wieder und ist nicht erreichbar.

Wenn er noch lebt – ich hoffe es und nehme es an –, dann wird er sich nicht verändert haben, wird einen roten Schal tragen und eine schwarzblaue Jacke, wird zuhören, wird anderer Meinung sein ohne es auszusprechen, wird nicht stören, ein angenehmer Gast sein, und nach seiner Abreise stellen wir seine letzten drei Jahre aus Mutmassungen zusammen.

Er hat sich in seinem Leben für nichts entschieden, für keine Frau, für keine Ideologie, weder Hippie noch Kommunarde, kein Landstreicher, kein Clochard, kein Verehrer von irgendwem – auch nicht von Arthur Gordon Pym –, und es liegt ihm fern, sein Leben theoretisch zu untermauern – es beschäftigt ihn nicht, dass andere anders leben, und ich habe ihm, das fällt mir auf, noch nie über mein oder unser oder das Leben geklagt, es hätte keinen Sinn, er beschäftigt sich nicht mit Leben. Er hatte mal mit Drogen und auch mal mit Alkohol, auch mal mit Kunst und auch mal mit einem Studium zu tun, aber all das hat ihn nicht erreicht.

Das letzte Mal kam er aus Mexiko und hat dort unter Indianern gelebt, nicht geforscht oder entdeckt oder entwickelt oder beobachtet, sondern einfach gefragt, ob es hier ein Haus gebe, und es gab eins.

»Was hast du da gemacht?« – »Gezeichnet.« – »Zeig mal«, und er bringt einige Bleistiftzeichnungen – keine Indianer –, Landschaften, zwanzig vielleicht oder dreissig, die Arbeit von zwei Jahren.

Es macht mich nervös, dass er sich nicht setzt. Er steht mitten in der Stube, den ganzen Tag, auch am zweiten Tag und auch am dritten. Ich halte es nicht aus und schreie ihn an, er entschuldigt sich und setzt sich. »Die Indianer stehen«, sagt er. Ich habe sie aus Büchern kauernd in Erinnerung, aber es hat keinen Sinn, ihn darauf aufmerksam zu machen.

»Hie und da geht einer plötzlich weg«, sagt er, dreht ab aus dem Stehen heraus und beginnt sich zu bewegen, mit kleinen schnellen Schrittchen, und die andern wissen – ohne es auszusprechen –, der geht in die Stadt. Zwei Tage wird der Marsch dauern, dann wird er in der Stadt stehen, so wie er hier gestanden hat, bis Sonnenuntergang an einer Ecke in der Stadt, wird wieder abdrehen, wird drei Tage später wieder hier stehen und nichts erzählen. Die Dinge in der Stadt haben keine Namen, dass es sie gibt, überrascht ihn nicht, dass sie eine Funktion haben könnten, fällt ihm nicht ein. Leben anschauen, nicht beobachten, nur anschauen.

Und die Moral, keine Moral.

Frage: »Von was hast du denn gelebt? – Geld?« Er überlegt, erschrickt, ich ziehe die Frage zurück, bereue sie. Er hatte nie Geld und sah immer gepflegt aus und sauber, kein Gammler. Wie er das nur macht, und immer dieselben Kleider, und die sind immer sauber. »Er hat sie gewaschen«, sagt meine Frau. Mir scheint, sie werden dabei nicht nass, wie schafft er das? Jedenfalls beschäftigt er sich während des Waschens nicht mit dem Trocknen.

Vielleicht steht er morgen vor der Tür, mit rotem Schal, dunkelblauer Jacke und zwei quadratischen Taschen aus starkem Segelstoff – handwerkliche Spezialanfertigungen –, in der einen Tasche eine Schallplattensammlung, in der andern einen Plattenspieler, ein – zwar kurzes – Leben lang mitgeschleppt, in Mexiko ohne elektrischen Anschluss gehütet und durchgebracht. Eine Liebe zu Bob Dylan – »Ich mag ihn nicht«, sag ich aus irgendeiner Laune heraus. Er vertei-

digt ihn nicht. Er spielt auch keine Platten in der Zeit, in der er hier ist. Warum der Plattenspieler? Weil er reist, braucht er Gepäck vielleicht? Besitz vielleicht oder Engagement oder Vergangenheit? Zum ersten Mal sah ich ihn in Berlin in einem Jazzlokal – ja vielleicht Vergangenheit, etwas mitschleppen, was einmal war.
Ende.

PS: Die Geschichte meint nichts. Ich mag ihn, wir lieben ihn, das ist alles, und oft scheint mir der Platz in der Mitte der Stube, wo er zu stehen pflegt, ausgespart.
Die Geschichte ist zur falschen Zeit erzählt – Betriebsschliessungen, Arbeitslose, Krise –, eine Geschichte aber, für die es keine richtige Zeit gibt. Oh, Merkur, Schutzherr der Diebe (das hab ich von Ezra Pound), gib mir eine Zeit für diese Geschichte, gib mir eine Zeit, in der es nicht unanständig wäre, davon zu erzählen.
Ja, ich weiss, es ist mir auch aufgefallen – der Plattenspieler, er hat ihn aus unserer Konsumgesellschaft, und die Jeans und die Jacke und alles. Ja, ich weiss, dass es Familien mit Kindern und Väter ohne Arbeit gibt, ich weiss, dass nicht alle so können wie er, und ich weiss, dass auch er zusammenbrechen wird, eines Tages – wen freut das? Mich nicht.
Ich habe ihn nie gefragt, ob er glücklich sei – wen fragt man das schon? (Die Mutter fragt es in ihrer Unbeholfenheit die Tochter am Tage der Hochzeit, stell ich mir vor oder hab ich gelesen.) Aber ich weiss, dass er es nicht ist, ein Mann ohne Hoffnung ist meine Hoffnung.
Von mir wollte ich schreiben: Treffen mit F. M., um die Frage zu prüfen, ob / Teilnahme an Veranstaltung und Demonstration Entlassener / Vorstandssitzung der Partei / Parteiversammlung / Besprechen des Voranschlags der Gemeinde / keine Zeit für E. Y. / Ärger über F. / Telefon mit E. über neues Programm und Wahlen / zur Kenntnis genommen, dass Hunger in so und so / Ausweisung meines Freun-

des G. (Ausländer) / Bürgerpflicht, Bürgerpflicht –
Soll ich hingehen und ihm sagen: Klaus, du bist ein Schmarotzer, so geht das nicht, du kannst nicht die ganze Welt verrecken lassen.
Ich weiss nicht, warum ich anders lebe als er. Ich weiss nur, dass ich nicht könnte wie er. Ich denke beim Waschen ans Trocknen und lasse es sein. Einen Plattenspieler würde ich nie länger als eine Woche unbenützt mittragen, die Motivation würde mir Fehlen.
So tu ich halt da so rum und glaube, es der Welt schuldig zu sein, und diskutiere in der Partei über den Bau der Strassen, über die er geht.
Für ihn tu ich's gern, eigentlich für ihn.
Aber – er braucht sie nicht.
So halt für die, die weniger Talent haben als er, die müssen ja auch.
Und auch für mich, aber halben Herzens.   15. 3. 75

Freibeuter sind keine Piraten

Angenommen, ein Staat würde das Töten von Menschen bewilligen, je nach Staatsform durch Regierungsentscheid, durch einen Entscheid des Parlaments oder durch Volkswillen. Es ist auch anzunehmen, dass er es nicht unumschränkt täte, vielleicht Schonzeiten einbauen würde, so ähnlich wie Betreibungsferien, Töten an Feiertagen verbieten würde oder vielleicht auch nur eine sehr »weitherzige« Interpretation des Selbstverteidigungsrechts zulassen würde. (Ich denke dabei an Wildwestfilme und staune jedenfalls darüber, dass der gute Cowboy mein Rechtsempfinden nicht stört.)

Also angenommen – es wäre soweit, die Opposition ist mit ihren Argumenten unterlegen, die Abstimmung haben wir hinter uns – schwache Stimmbeteiligung usw.

Nun, ich habe den Eindruck, dass mich nicht nur der Staat allein vom Töten abhält, dass es da noch etwas in mir drinnen gibt, Hemmungen oder Bildung oder Moral oder vielleicht eine gewisse Liebe zu Menschen. Ich habe den Eindruck, dass es uns – jedenfalls anfänglich – nicht leichtfallen würde. Vielleicht – aber daran zweifle ich – wäre unsere Generation noch nicht so recht fähig, von den »neuen Freiheiten« Gebrauch zu machen.

Vielleicht müsste man uns dazu überreden.

Wer würde das tun? Mit Sicherheit der Hersteller der Waffen, und er würde, das ist anzunehmen, nicht von Töten sprechen, sondern von Verteidigung.

Wie viele Leute würden wohl dem Gesetz nicht Folge leisten, das heisst auf die propagierte Verteidigung verzichten? Und wie viele Fachleute und Interessenvertreter würden wohl nach und nach zugunsten der »Verteidigung« votieren? Wann und in welcher Kirche würde die Verteidigungsindustrie ihren ersten Pfarrer finden? Oder was verspräche sich die Fremdenindustrie davon?

Grauenhafte Utopie?

Nein, ich meine etwas anderes.

Ich meine unsern Glauben, dass Anstand und Gesetz, dass Recht und Gerechtigkeit identisch seien, ich meine unsern ohnmächtigen Glauben daran, dass Unanständigkeit nie Gesetz werden kann.

Wenn ich das Wort Rechtsstaat höre, erinnere ich mich an Dienstverweigererprozesse vor Schweizer Militärgerichten (das gibt es!). Mehr als einmal habe ich erlebt, dass dort der Ankläger – ich wähle das Wort mit Bedacht – genüsslich darauf hingewiesen hat, dass wir (Gott sei Dank, oder immer noch) in einem Rechtsstaat leben. Ich habe seither eine Allergie gegen den Begriff Rechtsstaat.

Zugegeben, Töten ist ein schlechtes Beispiel und Militärgerichtsprozesse sind ein ebenso schlechtes. Ich meine auch nicht die Sache mit den Atomkraftwerken, und ich meine auch nicht den Vergleich im Ehrbeleidigungsprozess zwischen Kurt Marti und einem Herrn C. Ich meine auch nicht die Fristenlösung (wo unter anderen eine Kirche mit gutem Recht versucht, ihre Ansichten zu staatlichem Gesetz zu machen, weil sie weiss, dass staatliches Recht auch für ihre Treuesten höher steht als göttliches und so, wenn nicht Bankrott, so doch so etwas wie Nachlassstundung anmeldet).

Ich meine die Genüsslichkeit, mit der einer, der ganz persönlich vielleicht eher an seinem Recht zweifeln würde, auf sein gesetzliches Recht pocht und dass er von Aushöhlung (und das mit Recht) des Rechts spricht, wenn ihm nicht buchstabengetreu Nachachtung verschafft wird – von Ausbeutung des Rechts spricht er nie. (Freibeuter übrigens waren staatlich konzessionierte Piraten.)

Ich denke zum Beispiel daran, dass es in der Schweiz kaum einen Schutz für Arbeitslose gibt – weil das Recht ist, ist es wohl recht so –, Gewissen ist für Freibeuter eine Angelegenheit des Staates, und nachdem die Unternehmer in unserer Demokratie eine Minderheit sind, können sie behaupten, dass nicht sie, sondern die Mehrheit es so wollte.

Nun gut, wer einen Staat will, muss auch den Rechtsstaat wollen, ich sehe das ein.

Ich mag nur den Zynismus jener nicht, die im Recht sind, und ich verwehre mich dagegen, dass Resignation (auf der andern Seite) staatsfreundlicher sein soll als Rebellion.

Denn wenn Resignation dem Staate lieb wäre, dann müsste er zugeben, dass er ein entpolitisiertes Volk will. Resignation kann zwar Staatstreue sein, aber sie ist zugleich staatsfeindlich; und es gibt eine Staatstreue, die die Demokratie lächerlich macht, ad absurdum führt und umbringt. Das wäre der letzte Sieg der genüsslerischen Zyniker.

Die Freibeuter (= gesetzeskonforme Piraten) werden sich darauf berufen, dass in unserer Demokratie das Volk die Gesetze mache. Sie haben damit ein doppeltes Alibi, sie glauben nicht nur gesetzestreu zu handeln, sondern auch demokratisch. Sie rechnen mit der Ohnmacht des Volkes und bezeichnen diese Ohnmacht als Volkswillen.

Schliesslich stehn wir kopfschüttelnd vor einem Gesetz, von dem behauptet wird, wir hätten es selbst gemacht, und wir sind zu Recht ins Unrecht gesetzt.

Kein Wunder, dass wir das zynische Lächeln jener, die im Recht sind, nicht mögen.

Freibeuter jedenfalls sind an der Demokratie nicht interessiert, sie dient ihnen nur als willkommenes Alibi, und jede andere Staatsform, die sie ins »Recht« setzen würde, wäre ihnen ebenso lieb.

Also, angenommen ein Staat würde ...   19. 4. 75

15

Engagement

Ein Gespräch mit einem erwachsenen Menschen, nachts allerdings und auf der Strasse nach Wirtschaftsschluss. Ich weiss nicht, ob er unter anderen Umständen mit mir sprechen würde, und dann weiss ich auch nicht, ob ich es tun würde.

Bankprokurist oder so etwas ist er, und morgens um eins hat keiner Lust, dem andern weh zu tun, und man legt das Gespräch zum vornherein auf Einverständnis an.

Er kennt mich, ich kenne ihn, und nun ist jeder darauf bedacht, das Vorurteil des andern zu widerlegen. Man vertauscht die Rollen, er spielt den Fortschrittlichen und ich den Konservativen. Ich entgegne ihm, wie er entgegnen würde, tagsüber, und er denkt so – denkt er –, wie ich tagsüber denke. Wir haben jedenfalls jetzt keinen schlechten Eindruck voneinander. Extremisten – weiss Gott – sind wir nicht.

Das Thema des Gesprächs? Philosophie nennt man das wohl? Irgend etwas über Charakter, dann auch über Treue, über Landesverteidigung und dann auch – aber das nicht von mir, sondern von ihm –, dass der Kommunismus, richtig verstanden, Christus und seine Jünger und so, eigentlich richtig besehen schon richtig wäre, aber keinen Extremismus jedenfalls – und Demokratie jedenfalls – und dann wieder Charakter –.

Und dann, so gegen zwei Uhr, kam die Sache mit dem Fähnrich. »Seit sechs Jahren trage ich die Fahne«, sagte er. Auf mein deplaziertes »Wo?« sagte er: »In unserm Verein.« Ich wagte nicht zu fragen, in was für einem Verein, aber es stellte sich später heraus, dass »unser« Verein ein Unteroffiziersverein ist.

»Nun wollten sie mich zum Rücktritt zwingen und wollten

einen andern Fähnrich, einen Freisinnigen«, sagte er, und er fragte mich, ob ich wisse, wie er da reagiert habe.

Ich versuchte es vorerst mehrmals mit »Ich weiss es nicht«, aber damit gab er sich nicht zufrieden.

Und nun suchte ich die Antwort, von der ich glaubte, sie müsste ihm gefallen, und ich sagte: »Du hast sicher gesagt ›Leckt mich am Arsch‹ und die Sache hingeschmissen.« Und im selben Augenblick wusste ich, dass das falsch war. Er sagte erschreckend lange nichts und dann ohne jede Emotion: »Nein, ich habe gekämpft. Ich habe eine Ansprache vorbereitet und vor der Generalversammlung gesprochen, und ich erreichte das absolute Mehr im ersten Wahlgang, und das ist jetzt schon drei Jahre her, und ich trage die Fahne noch immer.«

Charakter? Entweder ist man für die Fahne, oder man ist gegen die Fahne, und wenn man dafür ist, legt man auch Wert darauf, sie zu tragen.

Ich weiss nicht weshalb, aber ich möchte eigentlich auch Charakter haben – auf die Gefahr hin, dass Charakter bedeutet, eine ganze Welt auf eine Fahne zu reduzieren.

Nun, ich schaff' es ganz einfach nicht. Das ist mir aufgefallen, als ich kürzlich im Vereinsblatt der Kanarienzüchter einen Nachruf auf einen Menschen las, der sein Leben in den Dienst der Kanarien gestellt hat, vierzig Jahre lang Punktrichter war und sozusagen der Vater des neuen Wettkampfreglementes.

Es ist sehr schwer, dies ohne Spott mitzuteilen. Ich gebe zu, es gelingt mir nicht, aber ich bemühe mich darum.

Ein Leben, reduziert auf die Bedürfnisse des Kanarienzüchtervereins, vielleicht dabei nicht nur über das neue Wettkampfreglement diskutiert, sondern auch über die Frage, ob man die Statuten so interpretieren dürfe, dass auch Frauen in den Verein aufgenommen werden könnten, und vielleicht auch dafür gesorgt, dass der Verein Fritzens Kandidatur für den Gemeinderat kräftig unterstützte.

Ein sinnloses Leben für den, der dem keinen Sinn abringen kann.

Es gibt sogar eine lateinische Bezeichnung für die Leute, die Streichholzbriefchen sammeln, und gestern hat mir einer wütend erzählt, dass er dem Eisenbahnamateurklub die ganze Sache hingeschmissen und am selben Abend den Austritt geschrieben habe. Ich habe ihn lange befragt – denn es interessierte mich –, aber ich konnte die Gründe für dieses Tun nicht ausfindig machen. Er erzählte von einem Schaltpult und von dem Schlüssel dazu. Ich begriff nichts, aber seine echte Wut überzeugte mich davon, dass hier nichts Unwesentliches geschehen war.

Angenommen, ich müsste einem Brasilianer das Problem der jurassischen Separatisten erklären. Was mir mit Bestimmtheit nicht gelingen würde, wäre, begreiflich zu machen, dass das Problem nicht unwesentlich sei.

Probleme sind nicht vergleichbar. Die Fristenlösung hat nicht Priorität vor der Frage der Atomwerke, und die Einführung der Arbeitslosenversicherung ist nicht vergleichbar mit der Gegnerschaft der Batterienhaltung von Hühnern. Und vor dem Ganzen erscheint das Einzelne immer als lächerlich. Streichholzbriefchen sammeln aber wäre vielleicht doch eine Möglichkeit, doch kann man es offensichtlich nicht tun ohne Leidenschaft.

Das Heil der Welt, das ist sicher, liegt nicht in der Befreiung des Juras und nicht in der Fristenlösung und nicht in der Bodenhaltung der Hühner, nicht in einem gerechteren Wettkampfreglement für Kanarien, aber es besteht kein Anlass, darüber zu lachen, weil es vor dem Ganzen als unwesentlich erscheint. Und vielleicht ist wirklich ein Leben im Dienste der Kanarien ein Leben.

Freudianer werden feststellen, dass alles nichts anderes ist als Kompensation, aber sie haben unrecht.   24. 5. 75

Mit tausend Maschinenpistolen

Wissen Sie, was ein Kassiber ist?

Ich weiss, Sie wissen es – und vielleicht erst seit kurzem –, und sehr wahrscheinlich wird nun dieses Wort, wo es auch immer auftauchen wird, die Assoziation BM auslösen.

Ein Kassiber ist ein heimliches Schreiben von Gefangenen und an Gefangene. Man stellt sich das traurig vor und sentimental oder gar poetisch und erwartet eigentlich, dass einem ein solcher Kassiber die Möglichkeit gibt, Erbarmen mit dem Gefangenen, Verständnis für ihn aufzubringen.

B & M (das könnte auch ohne weiteres die Bezeichnung für eine Firma sein, von der man vielleicht wüsste, dass sie in üble Pläne verstrickt ist) ist ein Thema für Kolumnisten geworden und zu einem eigentlichen Wettbewerbsgegenstand unter ihnen.

Wettbewerbsfrage: Wer findet das erlösende Gegenwort?

Das Gegenwort zu Kriminellen heisst Kriminalisierte.

Das Gegenwort zu Gruppe heisst Bande.

Usw.

Dass etwas mit Kassibern war und dass man Anwälten den Vorwurf macht, damit etwas zu tun gehabt zu haben, davon hat man schon seit einiger Zeit gehört, und Poeten mögen sich Vorstellungen über ihren Inhalt gemacht haben – ein Lebenszeichen von Menschen vielleicht oder gar ein Satz über das Zwitschern von Vögeln vor den Gittern, vielleicht ein bisschen Traurigkeit oder ein Lächeln.

Nun findet man einige der Kassiber in Zeitungen abgedruckt – nichts für Poeten und kaum etwas für Politologen, sondern Anweisungen an Mitkämpfer, allerdings auch diese nicht überraschend, denn wer sich schon zum Mitkämpfer entschieden hat, wird diese Anweisungen kaum mehr nötig haben, und wüsste man nichts von praktischen Aktionen, man würde die Sätze für Theorie halten, für sehr einfache Theorie zudem.

»nehmt Urlaub, macht blau, wir brauchen jede Stunde«
»wie habt ihr die Knäste aufgeteilt? wie organisiert, dass alle Knäste die Gefangenenzeitung kriegen ...«
»welche ausländische Zeitung hat noch nicht die Presseerklärung? für die internationale Presse eine internationale Protestresolution gegen die Bundesregierung organisieren«

Fälschungen sind das sicher nicht, denn würde irgend jemand fälschen, er würde es besser tun. Er wüsste zum Beispiel, dass A und G sich lieben (nun ist man enttäuscht, dass davon im Gerichtssaal gar nichts zum Ausdruck kommt), oder er wüsste, dass das Böse viel realer organisiert und viel geheimer und unverständlicher mitteilt.

»Kriminalisierung« – kein erlösendes, aber immerhin ein Gegenwort –, darauf hat man sich zwischen links und rechts annähernd geeinigt.

Auch mir fiel es leicht, diese Formel zu übernehmen, ich glaubte, dass sie doch ein wenig vorsichtiger sei als das übliche »kriminell«. Nun – nach der Lektüre der Kassiber – zweifle ich.

Sie sind – daran ist wohl nicht zu rütteln – straffällig geworden, haben sich strafbar gemacht. Und sie sind der Gesellschaft feindlich gesinnt, der bestehenden zwar nur, aber zu der gehören wir.

Straffällige fragt man (die Lehrer tun das mit Vorliebe): »Was hast du dir denn dabei gedacht?« Und die Frage zielt darauf hin, dass er einsieht, dass es gut ist, dass man ihn erwischt hat, denn so konnte es ja nicht weitergehn.

Nun sind dies aber Straffällige – und vielleicht meint man das mit dem Wort »kriminalisiert« –, die man mit dieser Frage nicht rumkriegt, weil sie an *diesem* Weitergehn nicht interessiert sind. Sie werden sich mit ihren Richtern nie versöhnen und ihren Anwälten nie dankbar sein.

Mit Gegenwörtern ist hier nichts zu machen – kein Thema für Kolumnisten.

Vielleicht können wir vorläufig jenem den Preis überreichen, der auf die Formel gekommen ist – auf das »erlösende« Gegenwort –, dass B so etwas wie ein Räuberhauptmann sei. B würde es uns allen sehr leicht machen, wenn er diese Bezeichnung annähme.

Er würde von uns unter unsern bewundernden Blicken zum Galgen geführt, ein munteres Völklein in bunten Kleidern würde sich auf dem Dorfplatz versammeln, und Grossväter würden später ihren Enkeln erzählen: »Ja, ja, der Andreas, er hat das ganze Land mit Feuer und Schrecken überzogen; er hatte, das muss man sagen, ein Herz für die Armen; und arm waren die Menschen damals. Ich hab' gesehen, wie sie ihn durch die Strassen führten, stolz hob er sein Haupt, und alle sahen, dass er sich was dachte, aber niemand wusste was – ein harter Kerl.«

Nein, Poeten werden keine Lösung finden.

Persönlicher Ehrgeiz, Eitelkeit, Arroganz? – Mit solchen Einschätzungen ist nichts erreicht, weil sie die Leute noch lange nicht von Normalpolitikern unterscheiden würden.

Nun wird behauptet – und dies nicht nur in Deutschland, sondern auch bei uns –, dass B & M dem Faschismus Vorschub leisten mit ihrem Tun, mit ihrem Verhalten und ihrer Gefährlichkeit. Eigenartig, dass dies mitunter und nicht selten von potentiellen Faschisten selbst behauptet wird, als hätten sie ohne B & M die Absicht gehabt, uns den Sozialismus zu schenken – »den habt ihr euch jetzt für lange Zeit verscherzt; wenn ihr jetzt sehr nett seid, bekommt ihr ihn vielleicht nächste Woche«.

Kein Anlass zum Spotten, ich weiss es, und ich weiss, dass sie nicht nur B. und S. in Z. oder R. in W. hassen (die mag ich auch nicht). Sie hassen auch mich aus ganzem Herzen. Und auch ich begreife nicht, was sie wollen, und wenn ich es wüsste, ich wäre – so glaube ich – nicht dafür.

Wenn ich aber für ihren Hass auf mich ein bisschen Verständnis aufbrächte, es nützte mir nichts, denn es nähme sie kein bisschen für mich ein. Die wollen viel mehr von mir und lassen sich nicht durch ein Lächeln zum Lächeln bringen.

Ich schreibe das alles in Hilflosigkeit und weiss, dass mir kein Satz dazu gelingen wird.

»Wer ohne Schuld ist, werfe den ersten Stein!« – es würde nach dieser Aufforderung die grösste Pyramide der Welt. Und ich weiss nicht, wie J. aus N. mit diesem Satz Leute davon abhalten konnte, eine Straffällige zu steinigen – wohl einfach, weil sie erbärmlich aussah. (Denn für Erbarmen hat man zu kriechen, und oft auch für Recht und Gerechtigkeit.)

Und auch unsere Gerichte sind immer auf mindestens einen kleinen Schimmer von Erbärmlichkeit, auf einen kleinen Schimmer von Einverständnis der Angeklagten angewiesen. Ohne das sind sie ohnmächtig.

»und liebe zum Menschen nur möglich ist in der todbringenden hasserfüllten Attake auf den imperialismus-faschismus«
Ich weiss nicht – aber jedenfalls ist das keine Generalstabsanweisung. Es scheint mir viel eher recht privat zu sein, geschrieben in einer Sprache allerdings, die wir sonst nicht als privat bezeichnen würden. Aber ich meine, dass dieser Kassiber nichts enthält, was der Empfänger nicht bereits wusste. Er ist also, was private Briefe oft sind, nötig für den Absender und nicht für den Empfänger – also doch ein Lebenszeichen von Menschen.

Am Biertisch erzählen die Männer, was mit denen zu geschehen habe. »An die Wand und mit tausend Maschinenpistolen niedermähen«, hat einer gesagt. Warum tausend? Ein Ritualmord? – Der Mann regte sich sehr auf und stotterte.

Ich konnte dazu nichts sagen.

Der Mann hat unrecht – unrecht vor den Gesetzen. Er liess sich bereits faschistisieren und war dazu gerne und zum vornherein bereit. Ich habe dem Mann auch nichts erwidert

– und also das Gesetz bereits im Stich gelassen. Sitze ich jetzt im selben Boot wie er? Ich möchte das nicht. Hingegen tut es mir weh, dass B & M mich hassen. Ihm macht das offensichtlich nichts aus. Im Gegenteil, er reagiert auf Hass mit Begeisterung, und fast habe ich ihn im Verdacht, dass er zu jenen Schweizern gehört, die die Deutschen um diese Sache beneiden.

Ich versuche eine andere Meinung zu haben – es gelingt nicht, nichts zu machen.

Offensichtlich sind wir bereits so weit, dass selbst der Versuch zum Nachdenken mit dem neuen Reizwort »Sympathisant« qualifiziert wird. Das Nachdenken über B & M hat uns leichtzufallen, das befiehlt uns die Presse.

Nichts zu machen.

Nur eines: Die Rechtsextremen – davon bin ich überzeugt – wären nicht weniger rechtsextrem ohne sie. B & M haben nichts ausgelöst (auch keinen Rechtsrutsch), und sie haben an dieser Welt nichts verändert, sie sind höchstens ein Alibi, und sie sind hoffnungslos verloren, denn offensichtlich wird man mit ihnen nicht fertig, ohne sie fertigzumachen.

Das haben sie sich zwar selbst eingebrockt, aber sie zwingen uns nun, die Suppe mit ihnen auszulöffeln. Es wird nicht leicht sein, dabei saubere Hände zu bewahren.

Wenn einer jemanden umbringt aus Eigennutz und um sich zu bereichern, dann passt er jedenfalls besser in unser Denksystem, und er hat denn auch vor Gericht eine entsprechend reellere Chance. Vielleicht meint der Unterschied zwischen Kriminellen und Kriminalisierten genau das.

(PS: Kürzlich ist einer tödlich verunglückt, der mich gehasst hat. Sein Tod tat mir leid. Ich hätte mir gern gegönnt, dass er älter und versöhnlicher geworden wäre, aber ich weiss, wäre es eingetreten, er hätte es sich übelgenommen.) 28. 6. 75

Die ästhetische Revolution

Ich weiss, es ist gemein, die Zufälligkeit zu erwähnen, dass der Herr uns gegenüber Zahnarzt war, er hätte auch sonst ein Herr zwischen vierzig und fünfzig sein können, aber hie und da entdeckt man in Zufälligkeiten alte Vorurteile und kann sich dann nicht beherrschen.

An der Wand in jenem Restaurant hing ein Bild von einem Maler, den ich sehr mag, und der Herr fragte nun, was das Bild denn bedeute und ob dieser Maler wohl auch zeichnen könne. Jemand antwortete ihm etwas, aber das überzeugte ihn offensichtlich nicht – die Sache mit »Geschmier« und »Kindergarten« und so. Ich konnte mich zu meiner eigenen Überraschung beherrschen und sagte nichts. Aber ich erinnerte mich nun plötzlich – ich hatte es längst vergessen –, dass wir uns einmal, vor zwanzig, fünfundzwanzig Jahren dafür eingesetzt hatten, dafür gekämpft hatten, mit Engagement, mit Wut und Entsetzen.

»Für moderne Kunst« oder »Gegen moderne Kunst« hiessen die Parolen, und ich erinnere mich an Lehrer vor fünfundzwanzig Jahren, die mit ein paar Paul-Klee-Reproduktionen die Musterlacher in ihrer Klasse schnell auf ihrer Gegnerseite hatten und Klee und Picasso verfolgten wie Pornographie.

Einige unter uns entdeckten bald, dass hier unsere Emanzipationschance läge (wir nannten das zwar nicht so), und wir wurden vorerst einmal zu Gegnern der Gegner und hatten es fortan leicht, die Spiesser zu definieren und uns auch von unseren Eltern zu distanzieren.

Wir begannen zu pilgern, erst in Buchhandlungen, um Kunstkarten zu kaufen, dann auch in Museen, und endlich wurden es echte Pilgerfahrten von Kirche zu Kirche, nach Ronchamp zu Corbusier, nach Courfaivre und Audincourt zu Léger und dann auch etwas später zu Gehr nach Oberwil.

Fast wären uns Corbusier, Léger und Gehr eine Messe wert gewesen, und sogenannt progressive Priester scheinen das bemerkt zu haben und führten ihre Schäfchen in Autocars zur modernen Kunst.

Das pädagogische Thema hiess »Wie bringt man die Kinder zur modernen Kunst?«, und manch ein Lehrer bekam damit ein wenig Schwierigkeiten mit seiner Schulkommission und war stolz darauf.

Die Revolution war im Gange: Klee gegen Anker, Strawinski gegen Beethoven, Charlie Parker gegen Ilse Werner – in der Literatur hauten wir zwar noch ein bisschen daneben mit Bergengruen gegen Goethe, aber wir wussten halt noch nicht viel anderes.

Die Fronten waren klar: Ein Nierentisch oder helle Eschenmöbel genügten als Ausweis für unsere Seite – ein Schritt in eine Wohnung, und man wusste, ob man sich bei Freund oder Feind befand. Wer für Picasso war, hatte unser Vertrauen, unabhängig davon, woher sein Geld für den Picasso kam; viel Geld übrig zu haben für Kunst galt als humanitär.

Hitler war gegen moderne Kunst, das wussten wir, und insofern kamen unsere Gegner in ein schiefes Licht, und unser Kampf erschien uns politisch – wir hatten den Dreh gefunden, die Welt zu verändern, und sahen das Elend der Welt in einer grossen Aargauer Möbelfirma und ihr Heil in Bauhaus, Beton und Flachdach.

Nun sitzen wir auf einem Stapel alter Modern-Jazz-Platten, sind betrogen und wissen nicht einmal, von wem. Es sind keine Schuldigen zu finden, so gern ich auch das jemandem in die Schuhe schieben möchte. Dahinter lag nun offensichtlich – und Marxisten mögen das mit Recht bezweifeln – nicht die geringste Absicht. Kunst ist was Bürgerliches, und wir haben mit unsern nächtelangen erhitzten Diskussionen das Geschäft der Bürgerlichen betrieben. Mit bürgerlicher Unterstützung vermeintlich gegen den Bürger gekämpft, unter dem Arm Ortegas »Aufstand der Massen« als Dienstreglement.

Oft kommt es mir vor, als hätte man uns mit Absicht Scheinkämpfe geliefert, um uns von Wesentlicherem abzuhalten. Wir haben zwar unsern Lehrern den Vorwurf gemacht, sie erzählten uns zuwenig Kulturgeschichte, aber wir haben offensichtlich doch von Klassik, Romanik und Gotik so viel mitbekommen, dass wir plötzlich mit diesem 20. Jahrhundert nichts anderes im Sinn hatten, als ihm ein äusseres ästhetisches Gepräge zu geben. Und dass wir mit der Zeit selbst nichts im Sinn hatten, das muss doch für einige recht angenehm gewesen sein.

Wir haben Ästhetik mit Kultur verwechselt und nahmen dem Bürgertum eigentlich nur die Satteldächer übel. Wir waren die grossartigsten Don Quijotes. Ich bin nicht nur traurig darüber und lasse die Bilder an meinen Wänden hängen (ich mag sie) und kaufe gar hie und da ein neues dazu. Aber der Kampf gegen die Satteldächer hat viel unnötige Kraft gekostet.

Vielleicht liegt auch darin der Schock von 1968, dass es da plötzlich eine Jugend gab, die nicht mehr bereit war, den Kampf gegen Satteldächer aufzunehmen, für die Gut und Böse keine ästhetische Frage mehr war. Inzwischen kann man sich nicht mehr progressiv auf-möbeln, und man weiss inzwischen, dass eine Kunstsammlung der Menschheit nicht dient.

Ich entschuldige mich in aller Form bei der gewissen grossen Möbelfirma für meinen damaligen Windmühlenkampf. (Bin in diesem Sinn auch froh, dass er ihr offensichtlich nicht geschadet hat.)

Der Zahnarzt übrigens hält an seinem Kampf gegen die »Schmierer« fest, und er hat sich im Restaurant sehr ereifert. Recht so – ein letzter Mohikaner. Im Grunde genommen gehören er und wir viel eher ins Museum der Fünfzigerjahre als all das, um das wir gestritten haben.   2. 8. 75

26

Was haben sie gegen K. F.?

K. F. ist unbeliebt. »Den mag ich einfach nicht«, sagen die Leute, und der Satz ist bezeichnend für ihre Haltung, eine Abneigung ohne Argumente. Vielleicht seine Stimme, vielleicht sein Tonfall. »Er ist sicher intelligent«, sagen die Leute, »sehr intelligent sogar«, und es ist ihnen klar, zu was Intelligenz taugt: zum Geld verdienen, zum Karriere machen, zum Berühmtwerden. So wurde es ihnen erzählt, und so haben sie es in der Schule erlebt. Musterschüler, hört man, ein Klassenerster, der nur im Turnen schlecht ist, aber selbst das, so hört man, war er auch nicht.

Kürzlich wurde er wieder ausgepfiffen, als man ihn bei einem öffentlichen Anlass begrüsste; dafür applaudierte man einem ehemaligen Kollegen von K. F. frenetisch, der nun wieder für jene Wirtschaft tätig ist, die die Steuern, die er als Finanzminister hätte haben sollen, recht ungern bezahlt. Ihn hält man eher für schlau, das ist eine eidgenössische Tugend.

K. F. tut mir richtig leid, und ich bin überzeugt, dass man ihm unrecht tut. Ich bin überzeugt, dass seine politische Haltung (und ich möchte hier gar gern ein persönliches Leider hinzufügen) der Mehrheit unserer Bürger und vielleicht genau jenen Pfeifern entsprechen würde, wenn diese eine politische Haltung hätten.

K. F. ist der einzige Bundesrat, der vom Volk gewählt wurde, zwar vielleicht nicht gerade ohne emotionelle Gründe, aber im ganzen doch recht zufällig ausgewählt aus den sieben, gewählt zum eidgenössischen Buhmann.

K. F. bemüht sich, und er bemüht sich redlich. Er macht nicht in billiger Imagepflege, nicht in Volkstümlichkeit, aber wenn man ihn sieht im Fernsehen, dann merkt man, hier redet einer, der weiss, dass er schlecht ankommt. Ich leide mit ihm, wenn ich ihn leiden sehe.

Das hat alles gar nichts zu tun mit seiner Haltung in der Frage des Schwangerschaftsabbruchs, hat nichts zu tun mit seiner Haltung in der Frage der Chileflüchtlinge – es sind nicht die Linken, die pfeifen, und keiner wird wegen K. F. eine linke Partei wählen.

Die Arbeit von K. F. ist im Volk unbekannt, kaum einer der Pfeifer wüsste sein Departement zu nennen, man weiss höchstens, dass er weder das Militär- noch das Finanzdepartement hat. Seine Arbeit entzieht sich jeder Kritik.

Man erzählt sich Witze – ausschliesslich Wanderanekdoten, bereits von andern Politikern in andern Ländern zu andern Zeiten erzählt.

Beispiel: K. F. versucht auf Anraten von Werbefachleuten, zu Fuss die Aare zu überqueren. Es gelingt auch. Anderntags in der Zeitung die Schlagzeile: »K. F. kann nicht schwimmen.«

Man unterschiebt ihm also, dass er mit Äusserlichkeiten sein Image aufpolieren wolle. Wir wissen alle, dass er das nicht tut. Und wenn auch – die Pfeifer haben sich darauf eingeschworen, dass dem nichts mehr gelingen darf.

K. F. hat auch echte Feinde. Die sprechen von seinem Ehrgeiz und andern persönlichen Qualitäten, die ihn allerdings kaum von andern Politikern unterscheiden.

Unter den Pfeifern hat K. F. keine Feinde. Niemand ist wirklich gegen ihn – ein fleissiger, gescheiter Mann –, niemand unter den Pfeifern hat etwas gegen seine Politik.

Die Pfeifer haben sich nur entschieden, einen nicht zu mögen, und zufällig haben sie ihn gewählt. Gäbe es mehrere K. F., man müsste von Rassismus sprechen. Mit seiner Person – davon bin ich überzeugt – hat das alles nichts zu tun.

K. F. ist ein Opfer, das Opfer der eidgenössischen Entpolitisierung, das Opfer einer Besänftigungspolitik, das Opfer eines gewollt langweiligen Fernsehens, das Opfer einer Leisetreterpolitik, die mitunter auch von seiner Partei vertreten wird.

Sollte es jemandem gelingen, ihn sympathisch zu machen – nichts wäre damit gewonnen, denn daran liegt es nicht. Es liegt daran, dass in der Schweiz Politik ausschliesslich mit Samthandschuhen gemacht wird, dass vom Fernsehen einem Politiker noch nie harte Fragen gestellt wurden, dass selbst K. F. von diesem Fernsehen noch nie hart angegriffen wurde, sondern nur sanft ausgestellt.

Wie sollen die Leute lernen, echt und hart zu kritisieren, wenn sie vom Fernsehen nur sogenannte Objektivität vorgesetzt bekommen? Wie sollen sie lernen, die Arbeit dieser sieben zu beurteilen, wenn sie nur ihre mehr oder weniger sympathischen Köpfe kennen?

K. F. tut mir leid, man sollte wirklich etwas für ihn tun. Man sollte ihn endlich angreifen und gegen ihn so unmanierlich kämpfen, wie das in wachen Demokratien üblich ist.

Vielleicht möchten die Leute ihn mal schreien hören. Und darauf haben die Leute ein Recht, ein Recht auf seine Subjektivität und auf seine Emotionalität.

Aber im Parlament kämpfen Hofer und seine untapferen Mannen gegen diese Möglichkeit. Sie werfen unserem langweiligen Fernsehen vor, es sei zu wenig langweilig. Sie wollen mehr Objektivität.

Sie sind offensichtlich daran interessiert, dass die politischen Zuneigungen und Abneigungen generell so zufällig werden wie die Abneigung gegen K. F.

Das ist ungerecht, K. F. hat ein lebendigeres Fernsehen verdient.

Im übrigen wäre ich im allgemeinen gegen die politische Haltung von K. F. Aber das steht in diesem Land offensichtlich nicht zur Diskussion. Und zu Stimme, Tonfall und Gesicht von K. F. fällt mir nichts ein. Im angestrebten Stummfilmfernsehen kämen er und manch anderer jedenfalls noch schlechter weg.

Das Fernsehen soll offensichtlich so etwas werden wie ein grosser nationaler Werbespot. Damit kommen wir nicht weit. Entdemokratisierung der Demokratie – eidgenössische Schulmeisterei – das Volk zu Schülern machen, wo es der Lehrer zu sein hätte – jetzt pfeift das Volk halt wie Schüler oder wie Halbtapfere in einer Diktatur.

Eine demokratische Regierung vor einem Volk, das wie Unterdrückte reagiert? Demokratie ist eben nicht nur eine Regierungsform.   6. 9. 75

Erwachsenwerden

Liebe damalige und ehemalige Erwachsene,
ihr wart alle in irgendeiner freundlichen oder unfreundlichen
Form unter vielen andern an meiner Erziehung beteiligt. Von
euch kenne ich das Wort Erwachsener, und es hatte so viel
Gewicht, dass ich Lust darauf bekam, einer zu werden.
Ich bin jetzt seit zwanzig Jahren über zwanzig Jahre alt und
darf nun wohl annehmen, endgültig zu euch zu gehören.
Ich bin ein Erwachsener.
Immerhin wird mir immer noch Jugend vorgeworfen – keinen Aktivdienst geleistet, die Krise der dreissiger Jahre nicht
erlebt, den und den nicht gekannt, alles Dinge, die ich nicht
mehr schaffen werde, sosehr ich mich auch bemühen wollte
– da ist immer einer, der noch erwachsener ist, bereits im
Landsturm, bereits AHV-Bezüger –
und immer Versprechungen –
ich hielt mit sieben die Achtjährigen für erwachsener und die
Zwölfjährigen für bestandene Männer. Ich hielt mit zwanzig
die Dreissigjährigen für erwachsen und mit dreissig die
Fünfunddreissigjährigen, und mit fünfunddreissig die Vier-
zigjährigen –
gut, ich habe gelernt, dass man nicht unbedingt aus eigenen
Erfahrungen auf die Erfahrung der andern schliessen kann,
aber ich habe den Verdacht, dass vor fünf Jahren die Vierzig-
jährigen nicht bestandener waren als ich heute –
Ich gebe es auf, ich habe mich entschieden, stehen zu
bleiben, ich habe mich entschieden, nicht erwachsen zu
werden, die Krise der dreissiger Jahre nicht erlebt zu haben,
keinen Aktivdienst geleistet zu haben –
ich glaube, ein Recht darauf zu haben, einen zwanzigjährigen Versuch abzubrechen –
Ich weiss, ich bin ungerecht, weil ich mich als Maßstab

nehme – aber ihr damaligen Erwachsenen habt mich ge-
täuscht. Ich versuchte euch zu erreichen und sah, dass die
älteren anders waren als ich, und ich hatte Lust darauf, auch
so anders zu werden, und jedesmal, wenn ich's erreichte,
blieb ich derselbe –

Was habt ihr mir alles versprochen.

»Wenn du erst mal erwachsen bist . . .« – »Dazu bist du noch
zu jung . . .« – »Du wirst schon noch sehen . . .«

Ihr habt mir versprochen, ein Erwachsener werden zu dürfen, und ich hielt das für erstrebenswert.

Es ist nicht eure Schuld, es hätte mir auffallen sollen, dass ihr
mich immer in kritischen Situationen auf das Erwachsensein
vertröstet habt – wenn ich euch nach etwas gefragt habe, von
dem ich glaubte, ihr wüsstet es, und ihr habt so getan, als
wüsstet ihr es.

Meine Fragen blieben unbeantwortet. Ihr habt gesagt, ich
müsse erst erwachsen werden – nun glaube ich annehmen zu
dürfen, ich sei es, und habe die Antwort immer noch nicht.

Kindliche Frage: »Warum gibt es Krieg?«

Ich hab' mir da so einiges zusammengereimt, aber die Erwachsenen sagen auch heute noch nichts anderes, als dass ich
unrecht hätte.

Man hat denn auch beschlossen in Bern, dass man kein
Friedensforschungsinstitut gründen will. Ist man an der
Antwort nicht interessiert? Nein keineswegs – man hat
bereits eine Antwort und will sie sich durch Fragen nicht
verderben lassen.

In Kindersprache übersetzt, heisst die Antwort: »Kriege gibt
es, weil es Kommunisten gibt.«

Ein Institut, das auf andere Ursachen käme, wäre staatsge-
fährdend.

»Wollt ihr es so haben wie die Kommunisten?«

»Nein, so wollen wir es nicht haben.«

In Bern wird auch – von Journalisten etwa – zusammenge-
stellt, welcher Parlamentarier am meisten Anfragen gestellt

hat, und wer am meisten fragt, ist der Dümmste.

Vielleicht heisst Erwachsensein, fraglos in Antworten leben, Antworten zu haben ohne Fragen.

Wer fragt ist ein Feind der bestehenden Antworten.

»Warum gibt es Krieg?«

»Leider gibt es Krieg.«

»Warum brauchen wir eine Armee?«

»Leider brauchen wir eine Armee.«

»Warum liefern wir Waffen nach Spanien?«

»Leider müssen wir Waffen liefern nach Spanien.«

Die letzte Antwort ist erfunden.

Warum stimmt sie nicht?

Weil wir Waffen liefern nach Spanien, ohne zu fragen. Weil man, verdammt noch mal, nicht immer fragen kann.

Das alles ist sehr kompliziert, und alles hat seine Kehrseite und alles seine Vor- und Nachteile.

Fragen sind gefährliche Vereinfachungen.

»Warum gibt es Reiche und Arme?«

Nein, so geht das nun wirklich nicht.

Vielleicht täusche ich mich, aber mir ist so, als hättet ihr mir damals gesagt, dass ich's begreifen werde, wenn ich erwachsen bin.

Und wenn ich meine Nebenerwachsenen anschaue, dann sehe ich solche, die den Eindruck machen, als hätten sie es begriffen. Ein Offizier zum Beispiel macht mir diesen Eindruck. Er macht mir den Eindruck, dass er die Ordnung begriffen hat.

Ich habe einmal ein Kind gehört, das seine Mutter fragte: »Was haben wir heute für einen Tag?« Und die Mutter antwortete: »Mittwoch!« Da fragte das Kind: »Was wäre, wenn Donnerstag wäre?«

Eine unbeantwortbare Frage, sicher, aber ich kann mir nicht helfen, ich halte sie trotzdem für interessant, und ich habe das Kind im Verdacht, dass es wusste, dass es dazu keine Antwort gibt, und dass es froh darüber war, weil es in der

Frage bleiben konnte.

Kinder können in Fragen leben. Erwachsene leben in Antworten.

Die Ordnung begreifen heisst: in Antworten leben.

Nicht »Warum gibt es Kriege?«, sondern »Es gibt Kriege«.

Nicht »Warum brauchen wir eine Armee?«, sondern »Wir brauchen eine Armee«. Nicht »Warum haben wir Waffen nach Spanien geliefert?«

sondern –

sondern –

Hand aufs Herz, ist es vorstellbar, dass jemals die Verantwortlichen kommen und sagen: »Es war falsch!«?

Ich weiss, so einfach ist das nicht, Aussenhandelsdefizit, Arbeitsplätze usw.

Ich weiss, andere tun es auch. Ich weiss, die Welt ist nun einmal so.

»Wenn du erwachsen bist, wirst du's begreifen«, dieser Satz liegt mir in den Ohren.

Ich hab's nicht begriffen.

(PS. Neulich wurden in Spanien fünf Menschen hingerichtet. Die sind jetzt tot.)   11. 10. 75

Vor den Wahlen – nach den Wahlen

Ich schreibe diese Zeilen eine Woche vor den Wahlen, und Sie werden sie eine Woche nach den Wahlen lesen.

»Vor den Wahlen – nach den Wahlen«, für einige hundert oder tausend Leute ist dies gegenwärtig – nämlich während ich das schreibe – zu einer ständigen Formel geworden.

Wenn Sie es lesen – in zwei Wochen –, wird die Formel vergessen sein.

Kandidaten, Wahlhelfer, Parteileute haben gegenwärtig keine Zeit, denn dies und das hat noch »vor den Wahlen« zu geschehen, und alles andere wird verschoben auf »nach den Wahlen«.

Ich habe heute morgen Flugblätter verteilt, aus Überzeugung und weil man halt auch einmal muss und nicht nur immer – und, ich nehme an, Sie kennen das – es fällt einem nicht unbedingt leicht. Ich meine das als Alibi – ich meine damit, ich mache da auch mit bei diesem Staat.

Wir freuen uns alle auf »nach den Wahlen« – zwar ohne Aussicht auf Wahlerfolg, was ist schon ein Sitz mehr oder zehn, wir freuen uns eben darauf, dass sie vorbei sind.

Das ist kein Spott – das wird Ihnen jeder Kandidat und Wahlhelfer erzählen: »Wenn es nur vorbei wäre.«

Ich weiss auch, wie unaktuell diese Zeilen in vierzehn Tagen sein werden – so unaktuell, dass es möglich wäre, den Wahlkommentar zum voraus zu schreiben: Stabilität – keine Veränderung – leichte Verschiebung. Überraschenderweise wurde der eine nicht mehr gewählt und überraschenderweise der andere.

Man nennt in diesem Land sogar selbstverständliche Zufälle Überraschungen.

Sie haben gewählt.

Es ist gut, in einem Land zu leben, in dem man wählen kann.

Was haben Sie gewählt?

Sie haben – wen Sie auch immer gewählt haben – diesen Staat gewählt.

Wenn ein Staat Wahlen ausschreibt – das ist so –, dann schreibt er sich selbst zur Wahl aus. Nicht wählen kann man diesen Staat nicht.

Ich halte ihn im übrigen auch für einigermassen wählbar.

Die Regierung stand nicht zur Wahl.

Vor den Wahlen – nach den Wahlen; man müsste Veränderung erwarten dürfen. Aber Veränderung stand auch nicht zur Wahl.

Ein Programm sollte man wählen können, aber zur Wahl standen nur die Versprechen, sich für dies oder jenes einzusetzen – zum vornherein ist klar, dass man sich als Demokrat nur für etwas einsetzen und nichts durchsetzen kann. Das wirkt unter Umständen beruhigend, kein Gewählter braucht jetzt gleich loszulegen und seine Versprechen zu verwirklichen versuchen – das hat alles seine Zeit, das hat alles seine vier Jahre Zeit.

Hans Tschäni hat es vor einer Woche bereits im Tages-Anzeiger geschrieben, er halte dieses kleinmütige Parlament für unfähig, eine Verfassungsrevision durchzuführen. Ich frage nicht ihn, sondern Sie, ob er nun wohl das Parlament vor den Wahlen oder das Parlament nach den Wahlen gemeint habe.

Oder hat er das Parlament an und für sich gemeint? Dann wäre dieses Parlament an und für sich nicht mehr wählbar.

Hans Tschänis Kolumne hat mich sehr beeindruckt, und eigentlich wäre es das beste, sie hier noch einmal abzudrucken.

Ich kenne Hans Tschäni von seinen Artikeln her als tapferen und braven Demokraten und bin überrascht von seiner harten Resignation.

Er schrieb – wie er schreibt – seine Zeilen aus Distanz, aus den Ferien. Er war also nicht im Parlament, als der Radio-

und Fernsehartikel behandelt wurde, und er glaubt, dass diese Distanz ihn bitter werden liess.

Ich war auf der Tribüne während dieser Verhandlungen und kann ihm sagen, dass er dort nicht minder bitter geworden wäre.

Oder – um es milder zu sagen – traurig konnte man dort werden.

Auf der Tribüne sass jedenfalls eine andere Schweiz als unten im Parlament. Auf der Tribüne sassen die Interessierten – Leute, die sich in ihren Parteien mit diesem Stoff auseinandergesetzt hatten, Leute, die mit diesem Medium zu tun hatten, zu tun haben, vielleicht auch Fernsehzuschauer – jedenfalls wurde auf der Tribüne weder geschwatzt noch gekichert, und die Leute auf der Tribüne waren da, um die Debatte zu hören, das heisst, sie hatten den kindlichen Glauben daran, dass da unten Reden gehalten werden, um über die Sache zu diskutieren. Auf der Tribüne sassen auch Leute, die zwar informierter waren als die da unten, aber gerade deshalb ihr Urteil über die Sache noch nicht gemacht hatten. Sie waren gekommen, um die Stimmen der Politiker zu hören. Auf der Tribüne wurde ab und zu genickt, oder es wurden Köpfe geschüttelt.

Die da unten, die wussten schon alles, und wirklich kein einziger hörte dem andern zu. Das ist auch nicht nötig, denn wo man nur dauernd verhindert, da braucht man nicht zuzuhören, da genügt das abschliessende Nein. Dass die Nationalräte miteinander plaudern und sprechen, dass sie auch Zeitungen lesen, das stört mich nicht. Dass sie kichern, ärgert mich mehr. Dass Herr K. zum Beispiel – und nur zum Beispiel – seit vier Jahren nichts anderes tut, als gemessenen Schrittes und bedeutungsvoll, aber verständnislos durch den Saal zu spazieren – ich mache jede Wette, dass er jetzt, wenn Sie das lesen, wiedergewählt ist – das macht mich traurig. Alle Kollegen kennen ihn, und alle belächeln ihn, weil er so wandert. Ich schreibe hier K., damit ihn kein Leser kennt, weil ich es ihm wirklich nicht persönlich übelnehme.

Ich nehme es den andern 199 übel, dass ihm noch keiner gesagt hat: »Herr K., setzen Sie sich endlich, Sie stören.«

Hier in diesem Parlament stört keiner keinen, und wenn man einen Parlamentarier darauf anspricht, dann sagt er: »Ja, schon, aber daran gewöhnt man sich.«

Das ist so fürchterlich, dass Parlamentarier sich daran gewöhnen, dass sie sich an alles gewöhnen, an ihre Niederlagen, an ihre eigenen Wahlreden, an die Bedeutungslosigkeit ihres Programms, an ihre Wiederwahl.

Die da oben (Tribüne) und die da unten (Parlament) sind nicht dieselbe Schweiz. Das braucht die Parlamentarier auch nicht zu interessieren, denn die Tribüne ist sehr klein, und ihre Wähler sitzen zu Hause und nicht da oben.

Da oben sitzen politisch Interessierte, und die haben sie ja nicht zu vertreten in einem Land, in dem die Mehrheit politisch desinteressiert ist.

Nur, wenn sie (da unten) die politisch Desinteressierten vertreten, dann vertreten sie diejenigen, die sich gar nicht für ihre Arbeit interessieren, und akzeptieren damit ihr Ghetto – in vier Jahren, meinen sie, sollten wir uns dann wieder um sie kümmern, und das werden wir auch – ich wünsche ihnen ein langes Leben, denn – ich will nicht ungerecht sein – im Ghetto leben, das ist eine echte Streßsituation, und mancher kommt dabei frühzeitig um, nicht etwa fürs Vaterland, sondern fürs Ghetto.

Von oben sieht es so aus, als hätten es die da unten schön und bequem. Wir wissen, dass es nicht so ist.

Aber wenn ihr glaubt – ihr da unten –, eure hoffnungslose Langweilerei sei systembedingt, das sei eben so in der direkten Demokratie, und die parlamentarische sei eben telegener, dann täuscht ihr euch. Diese Langweilerei ist eure persönliche Langweilerei. Ich bin kein Systemveränderer (ein eigenartiges Schimpfwort in einer direkten Demokratie), und Hans Tschäni ist das auch nicht.

Wenn unser Parlament ein Ghetto wird, ein Nebenbei im Staat, dann ist das nicht eine Sache des Systems – wäre es so, ihr müsstet das System ändern –, sondern das ist eure Sache, und wenn ich euch sehe von oben, dann habe ich den Eindruck, dass es euch so gefällt.

Rein optisch sieht es so aus, dass ihr in eigener Sache verhandelt, und ihr habt vor diesen Wahlen am Fernsehen selbst bewiesen, was für ein Fernsehen ihr wollt. Ich meine das nicht wertend, wem's gefallen hat, soll euch wählen.

Ich bin kein Systemveränderer, dieses System macht mir Eindruck, aber es ist nicht euer System, sondern unser System, nicht euch hat es zu gefallen, sondern uns.

Ich schreibe dies vor den Wahlen, und ich hätte kaum den Mut dazu, wenn es auch vor den Wahlen gedruckt würde.

Nehmt es mir nicht übel, ich wäre glücklich, wenn zweihundert neue und kein einziger bisheriger gewählt würde – und höchstens einem Dutzend würde ich nachtrauern.

Auch mich wird das in vierzehn Tagen nicht mehr sehr interessieren, aber ich habe heute morgen Flugblätter verteilt und dabei einige getroffen, die gesagt haben, dass sie nie zur Urne gehen (die von Bern und so), und ich finde das schlecht, dass sie nicht gehen, und ich wollte sie von der Notwendigkeit überzeugen, aber ich kam dabei ins Stottern. Weil ich an euch dachte und daran, wie genüsslerisch ihr in euren Ghettoreden das Wort »Volk« aussprecht.   1. 11. 75

Was bin ich?

Kürzlich bin ich mit Freunden aus einer »grossen« Stadt durch das kleine Solothurn gegangen. Sie hatten die Absicht – wie sie es nannten –, aufs Land zu ziehen, und hatten auch bereits so halbwegs ein Haus in der Nähe gefunden.

Sie lobten »mein« Solothurn sehr und wurden nach und nach euphorisch. Hier schien es nichts zu geben, was sie nicht begeisterte, und meine kleinen Einwände überhörten sie. Allerdings, »ihr« Solothurn hatte mit »meinem« Solothurn recht wenig zu tun, weil Solothurn für sie ein optisches Ereignis war, etwas Schönes, etwas zum Anschauen.

Sie prüften natürlich auch die Funktion dieser Stadt, überprüften das Angebot der Stadt für den täglichen Bedarf.

»Aha, die Apotheke«, sagten sie, »aha, das Kino, aha, die Käsehandlung, aha, das Warenhaus, die Metzgerei, die Bäckerei.«

Ich machte sie darauf aufmerksam, dass es mehrere Apotheken gibt und mehrere Metzgereien und fünf Kinos – aber das nützte nichts, wie wollten es nun einmal so haben, wie sie es kannten aus der Literatur – Hermann und Dorothea von Goethe etwa –, sie wollten die Kleinstadt, die Idylle: der Apotheker, der Metzger, der Milchmann, das Kino. Sie wollten das alles in der Einzahl, klein und übersichtlich und festgefügt.

Sie wollten, so nehme ich an, auch einen Bäcker, der nichts anderes ist als der Bäcker, einen Apotheker, der durch und durch der Apotheker ist und keinen Namen braucht, weil er der einzige ist.

Ich hätte meine Freunde gern hier in meiner Nähe gehabt, aber ich war dann doch froh, dass aus dem Haus in Solothurn nichts wurde. Weil nach einem solchen »Bildchen« von Solothurn recht schnell eine Enttäuschung hätte werden können, und ich fürchtete, dass sie mich als Solothurner dafür verantwortlich gemacht hätten. Vielleicht hätten sie sehr bald sehr abschätzig gesagt: »Dein Solothurn!«

Auf jeden Fall ist das, was sie suchten, hier, und ich fürchte auch anderswo, nicht zu finden.

Was ich aber verstehe, ist die Sehnsucht danach – die Sehnsucht nach einer Welt, in der sich alles mit sich selbst identifiziert, eine Welt, in der der Bankier bereit ist, ein Bankier zu sein, der Kapitalist bereit ist, ein Kapitalist zu sein, und der Lehrer eben der Lehrer ist.

Ich möchte dafür keineswegs das Schimpfwort »Heile Welt« verwenden und auch nicht von einer Welt, die in Ordnung ist, sprechen. Im weitern ist es wohl recht sinnlos, eine solche Welt zu suchen oder theoretisch zu entwerfen. Sie wird so oder so nicht mehr herstellbar sein, und es ist nutzlos, darüber zu diskutieren, ob es überhaupt sinnvoll wäre.

Lassen wir das.

Aber mir ist in diesem Zusammenhang etwas anderes aufgefallen. Wenn ich jemanden nach seinem Beruf frage, dann antwortet er zögernd und ziert sich, er braucht für seine Antwort Wörter wie »eigentlich« oder »im Grunde genommen« oder »Sie werden es nicht glauben, aber . . .«.

Und nicht selten kommt die Antwort: »Raten Sie mal!« Ich mache ihm eine grosse Freude, wenn ich absichtlich danebenrate. Der Mann, der sich als Würstchenverkäufer bezeichnet, stellt sich später als kaufmännischer Direktor einer Grossmetzgerei heraus, und der Pfarrer, den ich treffe, wünscht von mir, dass ich sehr überrascht bin, weil er doch keineswegs so ist wie ein Pfarrer, und er erzählt mir vorerst auch ausschliesslich von Dingen, die mit einem Pfarrer nichts zu tun haben. Er ist kein Pfarrer, wie die Pfarrer sind, und er nimmt an, dass alle andern Pfarrer wirklich richtige Pfarrer sind, und scheint nicht zu wissen, dass sich die meisten anderen Pfarrer genauso verhalten.

Die populäre Fernsehsendung »Was bin ich?« geht davon aus, dass man gewissen Leuten ihren eigenartigen Beruf nicht ansieht. Das ist der Überraschungseffekt dieser Sendung. Mich langweilt sie, weil das keineswegs überraschend ist, sondern in unserer Welt offensichtlich absolut selbstverständlich.

Wenn wir als Kinder etwas werden wollten, dann haben wir uns doch mehr vorgestellt als einen Beruf, den man ausübt. Wir wollten nicht etwa als Lokomotivführer arbeiten, sondern wir wollten durch und durch ein Lokomotivführer werden. Etwa so wie unser Nachbar, Herr Karlen, der für mich immer Lokomotivführer war, auch wenn er in seinem Garten arbeitete, auch wenn er vor seinem Haus stand und mit Leuten plauderte. Wenn er nach Hause kam, kam der Lokomotivführer nach Hause, und wenn er wegging, ging der Lokomotivführer weg.

Ich denke an Kinderbücher – eines der herrlichsten, die es gibt, »Jim Knopf und Lukas, der Lokomotivführer« zum Beispiel, an Kinderbücher, wo ein Kapitän eben viel mehr ist als einer, der das Schiff führt, wo ein Schreiner eben einer ist, der sein Leben mit Holz verbringt.

Im Grunde genommen zeichnet uns auch die Erwachsenenliteratur immer wieder exakte Berufsklischees, der Arbeiter, der Lehrer, der Direktor, der Politiker.

Als ich mit sechzehn ins Seminar eintrat, wollte ich ein Lehrer werden, als ich es mit zwanzig verliess, hatte ich eine exakte Klischeevorstellung von einem Lehrer und wollte alles andere sein als ein solcher. Ich freute mich, wenn man mir in der Beiz meinen Beruf nicht glaubte.

Der Pfarrer spielt Fussball und stellt sich dabei vor, dass ein Pfarrer nicht Fussball spielt. Der Lehrer trägt sein Haar lang und stellt sich vor, dass ein Lehrer das Haar nicht lang trägt, der Altphilologe ist im Radfahrerverein und stellt sich vor, dass ein Altphilologe nicht im Radfahrerverein ist.

Dazu kommen weitere und neue Verunsicherungen. Für

wen arbeiten Sie? Sie als Journalist, als Grafiker, als Mechaniker, als Lehrer, als Psychologe – wir arbeiten alle zusammen im und für den Kapitalismus. Das hat man uns allen, und nicht nur den Linken, so nach und nach beigebracht. Und nun haben wir alle nach und nach ein schlechtes Gewissen. Selbst der Grossunternehmer zögert, wenn man ihn nach seinem Beruf fragt, und er entschuldigt sich auch gleich und fügt eine sanft kritische Bemerkung über die »Unternehmer« an.

Selbst jene Glücklichen, die wurden, was sie werden wollten, erreichen letztlich nichts als ihr schlechtes Gewissen.

Ich hätte eigentlich Lust, ihn wieder einmal zu sehen, den Pfarrer, wie er im Buche steht (wie er auch heute noch im modernen literarischen Buche steht).

Ich hätte ab und zu Lust, in einer Welt zu leben, in der Lukas nicht ein Lokomotivführer, sondern der Lokomotivführer ist.

Aber wenn Sie mich fragen – oder fragen Sie sich selbst – nein, ich könnte da nicht mitmachen, ich will kein Lehrer sein wie die Lehrer sind, kein Journalist wie die Journalisten sind, kein Schriftsteller wie die Schriftsteller sind.

Wir alle wollen das nicht.

Also gibt es sie gar nicht, die Lehrer, die Professoren, die Kunstmaler, die Arbeiter.

Aber vor was rennen wir denn dauernd davon? Von was versuchen wir uns denn dauernd zu unterscheiden?

Vielleicht nur von literarischen Fixierungen, und vielleicht ist es notwendig, dass uns diese Literatur immer wieder eine Welt zeichnet, die es nicht gibt, damit wir alle die Möglichkeit haben, uns davon zu unterscheiden – damit wir alle ganz anders sein können als die andern und uns damit quälen und vereinsamen.   6. 12. 75

Geographie der Schlachtfelder

Ich habe die Geschichte mehrmals gehört und gelesen, bevor
sie mir selbst passierte, und Sie werden sie kennen.
Der Taxifahrer in New York fragt nach meiner Nationalität,
und als ich ihm sage, dass ich Schweizer sei, sagt er, er habe
eine Schwester in Stockholm. Stockholm sei in Schweden,
sage ich. Das wisse er, sagt er. Schweden und die Schweiz
seien nicht dasselbe und lägen weit auseinander, sage ich.
Das wisse er, sagt er, aber er habe eine Schwester in Schweden und ich käme doch aus der Schweiz und das sei doch in
Schweden. Mein Englisch reicht nicht aus. Höflich formu-
liert er für mich und liest aus meinem hilflosen Gesicht, dass
es sich umgekehrt verhalten müsse, dass also nicht die
Schweiz in Schweden, sondern Schweden in der Schweiz
liege. Ich erinnere mich an die Erzählungen von sprachbe-
gabteren Schweizern und ihre entsprechenden hoffnungslosen Versuche und beschränke mich darauf, zu sagen, dass es
nicht ganz so sei oder dass es so ähnlich sei, und habe dabei
den Eindruck, dass er an meiner Nationalität zweifelt.
Immerhin, ich habe auch Taxifahrer angetroffen, die trotz
geographischer Einordnungsschwierigkeiten etwas mehr
über die Schweiz wussten: Fondue, Banken, Uhren, und
damit wusste er schon wesentlich mehr als ich über ein
afrikanisches Land: ich weiss nichts über Gabun, Zaïre,
Sambia, Obervolta, ich weiss nicht, was dort produziert
wird, ich weiss nicht, wo sie liegen – halt eben in Afrika; ein
Land, von dem ich erstmals in der Sonntagsschule hörte, und
dann gab es früher auch Kulturfilme, die man schon vor
sechzehn besuchen durfte, und die Afrikaner waren schwarz
und nackt.
Ich empfinde es als eigenartig, wenn mein Taxifahrer die
Schweiz nicht geographisch präzis einordnen kann, und

dabei ist es absolut vorstellbar, dass ich einem Menschen aus Obervolta sagen würde, dass ich auch jemanden kenne in Kenya und dass er sagen würde, das sei nicht dasselbe, und ich ihm antworten würde, das wisse ich, aber – usw. usw.

Selbst die Namen der afrikanischen Staaten sind mir nicht geläufig – ich bin ein Geographieidiot und kriege das einfach nie in meinen Kopf. Ich habe die Länder, die ich hier wahllos aufgeschrieben habe, von einer Weltkarte, die ich mir letzte Woche gekauft habe.

Ich habe die Weltkarte gekauft, weil ich wissen wollte, wo denn die Südmolukker leben. Ich suchte auf der Karte Indonesien, stellte dabei fest, dass die Philippinen etwas anderes sind als Indonesien, und war von der Lage von Neuseeland recht eigentlich überrascht, dann auch überrascht, dass ich die Heimat der Molukker fand, und überrascht davon, dass die Heimat der Molukker eben auch Molukken heisst.

Ohne ihren scheusslichen Terrorakt hätte ich wohl nie von ihnen erfahren. Ich weiss zwar noch heute sehr wenig über sie, und ihre ehemalige Heimat auf der Karte zu finden ist nicht viel, aber offensichtlich kann man mich nur mit Gewalt und Gewaltakten dazu bringen, mich für die Geographie zu interessieren: ich kenne die geographische Lage von Korea, von Vietnam, von Israel, Jordanien.

Terrorismus ist zu einem Informationsmittel geworden. Da kann man noch und noch behaupten, dass Terroristen ihrem Anliegen nur schaden und sich die Antipathie der Welt einhandeln – gehasst werden ist immer noch mehr als unbekannt oder vergessen sein.

Ich frage mich, ob ich durch meine Unkenntnisse in Geographie nicht irgendwie mitschuldig bin am Terrorismus, denn wenn Terrorismus ein Mittel der Information ist, dann dient es ja dazu, die Uninformierten zu informieren, und ich bin ein Uninformierter.

Nun ist es leicht, mir Vorwürfe zu machen. Ich hätte mich

wirklich informieren können – es besteht kein Grund, stolz darauf zu sein, keine Ahnung von Geographie zu haben.

Den Südmolukkern – das weiss ich – geht es nicht um Geographie, sondern um Politik – und ich habe inzwischen auch in der Zeitung nachgelesen, um was es geht, und zweifle an der politischen Berechtigung ihrer Forderung, aber ich habe nach wie vor keine Ahnung.

Ich bin auch – und ich hoffe, meine Beteuerung ist unnötig – gegen Terrorismus. Ich finde auch die Bekämpfung des Terrorismus, von der man inzwischen weltweit spricht, nötig, aber ich glaube, wenn man den Terrorismus bekämpft und nicht seine Ursachen, dann ist es wirklich hoffnungslos, und ich glaube, dass Terrorismus dann entsteht, wenn unser Informationssystem versagt.

Über die Sorgen von Israel bin ich vor zwanzig Jahren bereits orientiert worden, und ich nehme die Sorgen von Israel ernst. Über die Terrorakte der Palästiner hatte und habe ich eine grosse Wut – aber ohne diese scheusslichen Akte hätte ich von ihren Problemen nie erfahren, weil keine Zeitung und kein Fernsehen bereit gewesen wäre, darüber zu orientieren.

Ich muss es wiederholen, ich bin gegen Terrorismus – kein vernünftiger Mensch kann dafür sein –, aber wie schafft man es, mir auf dem konventionellen Informationsweg etwas beizubringen?

Ich stelle mir vor, ein Komitee für die südmolukkische Befreiung hätte mir vor einem halben Jahr eine ausführliche Dokumentation über ihre Sorgen zugeschickt. Ich hätte sie – nur vielleicht – überflogen, festgestellt, dass das ein Problem ist von Leuten, die bereits in der zweiten Generation in Holland leben, festgestellt, dass da wohl nicht viel drinliegt, und das Ganze sehr schnell weggeschmissen. Eine solche Dokumentation hätte mich wohl nicht veranlaßt, eine Weltkarte zu kaufen.

Ich zweifle nach wie vor an dem Anliegen der Südmolukker,

und ich möchte unsern Massenmedien nicht den billigen Vorwurf machen, sie hätten diesen Terrorakt damit verursacht, dass sie sich den Südmolukkern nicht als Informationsmittel zur Verfügung gestellt haben – wie sollten sie auf die Idee kommen?

Aber so kommen halt dann die andern auf die Idee, zu informieren, und sie können wählen zwischen unerwünschter gewaltfreier Information und zwischen unerwünschter gewalttätiger Information. Die zweite, das ist nicht zu bestreiten, ist erfolgreicher.

Es gibt zwar ein Rezept dagegen: Man sollte über Gewaltakte nicht mehr berichten – aber das schaffen wir nicht, und es wäre auch falsch.

Und ebensowenig ist es möglich, einer Minderheit jederzeit weltweit das Fernsehen zur Verfügung zu stellen. Ich beharre darauf, dass es sich beim Terrorismus um ein Informationsproblem handelt, sehe aber ein, dass es nicht leicht ist oder gar unmöglich, diese friedliche und gewaltlose Information zu gewährleisten.

Also ist mein Vorschlag, Terrorismus mit Information zu verhindern, nutzlos.

Also haben wir uns damit abzufinden, dass unsere Geographie eine Geographie der Schlachtfelder bleibt, wie sie etwa unsere Väter aus dem Zweiten Weltkrieg bezogen haben oder wir alle aus der Schweizergeschichte.

PS: Gegen eine kurze Sendung des Schweizer Fernsehens wurde eine Konzessionsbeschwerde eingereicht. Das Schweizer Fernsehen stellte sogenannte Soldatenkomitees vor. Es ist einzusehen, dass diese Soldatenkomitees militärischen Kreisen nicht angenehm sind. Es wäre sogar einzusehen, dass sie einer Schweiz nicht angenehm sind. Und sie sind im weitern mit Sicherheit eine ganz kleine Minderheit.

Es wird nun gesagt, man hätte diesen (»staatsfeindlichen«) Soldatenkomitees einen zu grossen Platz eingeräumt am

Fernsehen und schade damit unserem Staat, dem Ansehen unserer Armee, der Landesverteidigung überhaupt.

Nur eben, diese Soldatenkomitees gibt es, und ich glaube, es schadet nichts, dass man das weiss – eine Information.

Mir jedenfalls ist es lieber, wenn das Fernsehen über unliebsame Minderheiten orientiert. Vielleicht verhindert es damit, dass sich Minderheiten über den Umweg der Gewalt die »Sympathie« des Fernsehens erobern müssen.

Jedenfalls bin ich überzeugt, dass man mit Information Terrorismus verhindern kann. Ich bin auch überzeugt, dass das schon geschehen ist, und ich hoffe, dass das vermehrt geschieht.

Wer Information verhindert, davon bin ich überzeugt, kann unter Umständen Menschenleben gefährden.   3. 1. 76

Meine drei braven Polizisten

Kürzlich sind mir bei einer Veranstaltung mit viel Jugendlichen drei Polizisten aufgefallen – es war übrigens keine politische Veranstaltung, aber immerhin eine Veranstaltung Jugendlicher. Das ist weiter nicht bemerkenswert.
Was mich überrascht, ist nur, dass ich die Polizisten als solche erkannt habe, und ich weiss nicht, woran das liegt – irgendwie tun sie halt doch etwas mehr als ihre Pflicht.
Ich habe auch kürzlich irgendwo gelesen, dass ein Gangster gesagt habe, dass er jeden, der eine Pistole trage, gleich erkenne, weil es niemanden gebe, der mit Pistole genauso gehen könne wie ohne – oder anders gesagt, weil Pistolenträger einen ganz bestimmten Gang hätten, denn sie trügen etwas, was sie beim Gehen nicht vergessen könnten. Ich kann das nicht nachvollziehen – Waffen sind mir ein Greuel –, aber ich habe mich auch schon dabei ertappt, dass ich nach einem Westernfilm mit leicht angewinkelten Armen – offene Hände auf Hüfthöhe – gegangen bin. Nur für kurze Zeit selbstverständlich, und geschämt habe ich mich auch.
Ich habe die drei Polizisten beobachtet – ihr Chef oder Ausbilder müsste mit ihnen zufrieden sein, sie machten ihre Sache tadellos, freuten sich über die Musik – ich glaube sogar echt und privat –, waren nicht zu auffällig, nicht zu unauffällig. Wenn sie überhaupt schauspielerten, dann schauspielerten sie gut, und sie trugen, so sah das aus, nicht eigentlich eine Verkleidung, sondern zivile Anzüge. Höchstens eine kleine Kritik wäre anzubringen: Der eine trug zum dunklen Strassenanzug (ohne Krawatte) an der linken Hand einen Lederhandschuh und hielt den rechten Handschuh in der behandschuhten Hand. Ich frage mich, ob es sich dabei um einen Verkleidungstrick oder um eine private Gewohnheit

gehandelt hat. Jedenfalls als Verkleidungstrick war es daneben.

Ihre Anwesenheit in amtlicher Funktion – das muss ich auch noch sagen – hatte Gründe, die ich respektiere. Das war keineswegs immer so, wenn ich verkleidete Polizisten bei Veranstaltungen sah. Im übrigen hätten sie in Uniform hier tatsächlich gestört und wohl auch ihren Auftrag nicht erfüllen können. Sie machten auch nicht den Eindruck, dass sie sehr darauf erpicht waren, ihren Auftrag unbedingt erfolgreich zu erfüllen.

Nun, ich habe einen Freund, einen recht tapferen Mann und braven Demokraten, der sieht, wo er geht und steht, Polizisten in Zivil, spricht dann etwas leiser, macht eine Bewegung mit dem Kopf und sagt: »Hast du ihn gesehen?« Sein Bruder hat mir gesagt, das sei ein alter Tick von ihm, er hätte schon als Kind immer Polizisten gesehen. An ihn musste ich denken, als ich nun auch Polizisten sah, und ich fragte mich, ob es nun auch schon so weit sei mit mir.

Es ist mir nicht klar, woran ich sie erkannt habe, aber vielleicht wirklich an ihrer Rolle, nicht etwa an ihrer gespielten Rolle, sondern an ihrer echten, eben an ihrem Polizeisein.

Ich habe den Eindruck, dass sie über dieses Polizeisein genausoviel wissen wie ich und dieselben Vorstellungen davon haben wie ich. Sie sehen im Fernsehen dieselben Polizeihelden wie ich, und diese Detektivvorbilder geben ihnen die neue, die zivile Uniform.

Sie tun mir fürchterlich leid, wenn ich sie auf Bahnhöfen stehen sehe. Sie tun mir wirklich leid, denn sie tun ja – und ich weiss, die Formulierung kann kaum mehr ohne Ironie gebraucht werden –, sie tun ja ihre Pflicht.

Und doch habe ich stets eine fast unbezwingbare Lust, sie zu entlarven, mich hinzustellen und zu rufen: »Das sind Polizisten!« Und dies, obwohl mir ihre Aufgabe einleuchtet, obwohl mir einleuchtet, dass es Aufgaben gibt, die sie nur in

Zivil erfüllen können. Ich weiss nicht weshalb, vielleicht weil sie Menschen nachahmen, weil sie nachmittagelang ihre »Tante Berta« abholen, nachmittagelang Züge erreichen wollen, die sie dann verpassen, oder auch nur, weil sie sich angeschaut fühlen, wenn ich sie anschaue.

Ich habe Lust, sie zu enttarnen, und wäre ich mutiger, ich würde es tun, weil man damit wieder etwas menschlichere Verhältnisse herstellen könnte. Denn etwas spielen heisst dieses Etwas nicht sein – wer Menschen spielt, ist kein Mensch. (Das ist zu einfach, ich weiss das auch, trotzdem akzeptiere ich in diesem Zusammenhang den Vergleich mit einem Schauspieler nicht; ich weiss zum Beispiel, dass der Mann, der Richard III. spielt, Helmut Lohner heisst. Er ist von allem Anfang an enttarnt und spielt mit offenem Visier.)

Das andere Argument allerdings ist nicht zu entkräften, der Kunde des Polizisten spielt auch. Er tritt auch nicht offensichtlich als Ganove, als Gangster auf und versucht auch, nicht enttarnt zu werden. Also nichts zu machen – es ärgert mich, aber es muss wohl so sein.

Enttarnung – das Wort ist mir im Zusammenhang mit der CIA eingefallen. In Griechenland wurden von einer Zeitung CIA-Agenten enttarnt. Hätte es nicht einen das Leben gekostet – er starb für die Freiheit selbstverständlich –, man hätte es wohl geleugnet. Schon geschah dasselbe in Italien. In der Schweiz gibt es keine CIA-Agenten, weil wir ein neutrales Land sind und uns das gar nicht leisten könnten. Wir könnten uns gar nicht leisten, CIA-Agenten zu enttarnen.

Die CIA ist auch eine Polizei, sie ist die internationale Polizei des freien Westens, von Amerika zur Verfügung gestellt und von den freien Staaten des freien Westens stillschweigend gutgeheissen. Sie ist zivil und geheim wie meine braven drei Polizisten, die nur mir, dem Bürger zuliebe, für Ordnung schauen – so schaut sie, die CIA, nur ihnen, den Staaten zuliebe, für Ordnung, denn auch die Staaten brauchen einen Schutz und müssen überleben –, die CIA also schützt den Staat vor dem Bürger, schützt die Demokratie vor einem eventuellen Volkswillen. Das ist ganz einfach nötig, weil das Volk sich täuschen könnte oder täuschen lassen könnte, denn im Staat gibt es viele Geheimnisse, und das Volk kann gar nicht richtig entscheiden, weil viele Dinge geheim sind, und weil so viele Dinge geheim sind, braucht es eine Geheimpolizei, und weil die Geheimnisse des Westens alle dieselben sind, genügt eine einzige, und die stellt Amerika zur Verfügung.

Es geschieht ihnen unrecht, meinen drei braven Polizisten. Sie haben mit der CIA nichts zu tun und wissen nichts davon, dass sie irgendwie damit zu tun haben könnten. Es ist nicht nett von mir, dass sie mich an amerikanische Helden erinnern, dass ich ihnen das Vertrauen entziehe, weil sie jenen entfernt gleichen.

Vielleicht sollten sie sich wehren, meine Polizisten, aktiv werden und mithelfen, eventuelle CIA-Agenten zu enttarnen, um damit ihre Glaubwürdigkeit zurückzuerobern. Aber das können sie ja gar nicht, weil es bei uns ja gar keine gibt und noch nie einer ausgewiesen werden musste.

Aber vielleicht beeindrucken westliche Staatsgeheimnisse den Schweizer Bürger mehr, als man glaubt – vielleicht meint er auch eine CIA, wenn er nicht mehr zur Urne geht und behauptet, dass die ja doch tun, was sie wollen – denn wer im Geheimen etwas tut, tut, was er will. Zudem weiss der Bürger, dass die Macht geheim ist.

Wenn wir also schon keine CIA-Agenten haben, sollten wir vielleicht gerade als neutrales Land auch einmal laut und deutlich feststellen, dass wir auch keine möchten, vielleicht dadurch, dass wir deren Tätigkeit in andern Ländern verurteilen – aber ich weiss nicht, vielleicht käme das einer doppelten Moral gleich.

Von beiden Seiten – von seiten des Staates und von seiten des Bürgers – wird immer wieder nach Information und Transparenz gerufen. Was soll Transparenz vor Geheimnissen, was sollen demokratische Entscheide über die Spitze des Eisbergs?

Nun gut, ich weiss, militärische Geheimnisse, das ist eine ernste Sache – aber wo ist die Armee, die nicht mit Sicherheit damit rechnen kann, dass sie schon bis auf den hintersten Winkel ausspioniert ist? Geheimnisse als Futter für Geheimdienste, und fremde Geheimdienste als Alibis für Geheimnisse, ein harmloses Spiel also, aber immerhin ein Spiel mit System.

Denn auch nutzlose Geheimnisse machen den Staat mächtig, weil niemand Einsicht bekommt in ihre Nutzlosigkeit. Und vielleicht wären wir wirklich alle enttäuscht, wenn wir Einblick bekämen in die Geheimnisse des Staates. Vielleicht sind sie Selbstzweck und schützen die Politiker und nicht die Nation, schützen vielleicht die Armee vor dem Bürger und nicht etwa das Land vor dem Feind.

Das wissen wir nicht, und ich behaupte es auch gar nicht – wir können es nicht wissen, weil es Geheimnisse sind.

Und vielleicht gibt es gar keine Geheimnisse, sondern nur ein leeres Dossier mit der Aufschrift »Geheim«; schon dieses leere Dossier würde seinen Zweck erfüllen.

Nur eines leuchtet nicht ein: Jedes Land hat Geheimnisse, und jedes Land hat einen Geheimdienst. Und die Geheimdienste kennen die Geheimnisse der andern Länder. So bleiben als einzige, die es nicht wissen, die Bürger der Länder. Das finde ich ungerecht, weil ich doch als Schweizer Bürger mehr Recht hätte auf Information als die Russen oder die Amerikaner. Oft habe ich den Eindruck, dass sämtliche Regierungen untereinander besser auskommen als mit ihren Bürgern, sich gegenseitig mehr vertrauen als ihren Bürgern.

Oft habe ich den Eindruck, dass dies ein Grund für die sogenannte Stimmfaulheit sein könnte. Oft wünschte ich mir, dass mir meine Regierung beweist, dass sie mich mehr liebt als den amerikanischen Präsidenten.

Oft tun mir meine armen zivilen Polizisten leid, denen ich übelnehme, dass sie mich an etwas erinnern, mit dem sie nichts zu tun haben sollten. 7. 2. 76

Lotte in ...

Vor einiger Zeit in einer kleinen Schweizer Stadt (eigenartig, wieviel Scheu man hat, die Dinge beim Namen zu nennen, jedenfalls fällt das schriftlich schwerer als mündlich) traf ich Lotti wieder. (Eigenartig, wie schwer es fällt, echte Namen durch falsche zu ersetzen wie etwa in Gerichtsberichten. Für den Leser wären ein Heidi, ein Ruthli wohl nichts anderes als ein Lotti. Für mich hat der Name allein – das wusste ich vorher nicht – so viel Gewicht, dass ich ihn nicht ändern kann.)

Ich stand im Vorraum eines kleinen Saals, in dem ich lesen sollte, versuchte, mich etwas hinter den Mänteln zu verstekken, hatte meine Bücher und Manuskripte unter den Arm geklemmt und hatte auch heute keine besondere Lust vorzulesen, denn als ich mein Programm zusammenstellen wollte, am Nachmittag, da wollte mir gar nichts mehr gefallen von meinen Sachen. So hatte ich denn im Sinn, das alles wieder einmal tapfer durchzustehen, und gefiel mir bereits in der Rolle des Profis, der weder inneres Engagement noch Lampenfieber kennt.

Nun kam eine Frau auf mich zu, hübsch und nett. Vielleicht war sie am Nachmittag beim Friseur gewesen. Sie lächelte und grüsste und stellte lachend fest: »Du kennst mich wohl nicht mehr?« Ich wollte schon sagen, dass mir ihr Gesicht bekannt vorkomme, nur der Name und mein Gedächtnis und so, aber ich war froh, dass sie mir zuvorkam und sagte: »Lotti!« Sie musste angenommen haben, dass sie mich in meinen Vorbereitungen gestört hatte, ich brachte kein Wort heraus. Ich glaube, sie entschuldigte sich sogar, und sie ging zur Kasse, um eine Karte zu kaufen.

Nie habe ich so gewünscht, ein besserer Schriftsteller zu sein. Nicht etwa ein bekannterer oder erfolgreicherer, so was hätte vor Lotti nichts genützt, aber ein besserer. Man erzählt, dass einem Sterbenden in Sekundenbruchteilen sein ganzes Leben nochmals abrolle – ich dachte in Sekundenbruchteilen an alle Stellen in meinen Geschichten, die mir nicht gefallen, und es waren unglaublich viele dabei, auf die ich bis dahin recht stolz gewesen war.

Ich weiss nicht mehr, wie ich in den Saal kam, ich weiss auch nicht mehr, wie es begann, ich hörte mich plötzlich lesen, bereits auf der zweiten oder dritten Seite, und Lotti hatte auch einen recht guten Platz gefunden, gerade vor mir in der zweiten Reihe – das machte die Sache nicht leichter. Ich mag Übertreibungen nicht, aber ich glaubte, ich las um Leben und Tod – jene berühmte Aufgabe im Märchen, wenn es darum geht, die Prinzessin zum Lachen zu bringen oder zu sterben.

Lotti war das schönste, das gescheiteste, das netteste, das anständigste Mädchen in unserer Klasse in der Primarschule. Ich erinnere mich, wie ich mit Hugo – auch ihn habe ich seit über zwanzig Jahren nicht mehr gesehen – zusammen diskutierte, wen man nun »für den Schatz« haben wollte oder könnte. (Also einen Zettel schreiben »Willst Du mich für den Schatz haben?« und von da weg rote Ohren bekommen, wenn man sie sieht, mehr nicht.) Aber Lotti gehörte nicht mit dazu, Lotti war unerreichbar – auch die Frechsten und Losesten in unserer Klasse hätten es nicht gewagt. Man war glücklich, wenn Lotti grüsste, und wenn es mit einem sprechen wollte, dann rannte man unter irgendeinem Vorwand davon. (Ich habe jahrelang darunter gelitten, dass ich einmal, als es mir etwas sagte, antwortete: »E ha ned der Zyt, e mues seckle«, weil mir nachträglich der Verdacht kam, dass »seckle« obszön sein könnte.)

Lotti!

Wer vor Lotti scheitert, ist verloren. Jetzt nur nicht vor Lotti scheitern! Ich suchte die »besten« Sachen aus von meinem Geschriebenen, und nichts war mir gut genug. Und ich liess Sätze weg während des Lesens und veränderte andere, und es muss fürchterlich gewesen sein, was ich da zusammengestottert habe.

Ich weiss nicht, ob sich Lotti für Literatur interessiert. Wir haben nicht darüber gesprochen, als ich mit ihr und ihrem Mann und den Veranstaltern zusammensass nach der Lesung. Ich weiss auch nicht mehr, was ich mit Lotti gesprochen habe. Aber plötzlich fiel mir auf, dass ich zum ersten Mal mit ihr sprach – nicht wie mit einer alten Bekannten, die man trifft und umarmt – sondern wie mit jemanden, den man ganz neu kennenlernt in den Gebräuchen, in denen sich Erwachsene kennenlernen. Und Lotti war auch keine Enttäuschung, eine hübsche Frau, wenn auch nicht so wunderschön wie unser Lotti von damals. Die alleinzige Ausnahme war sie nicht mehr.

Ich hoffe, dass das, was ich hier mitteile, nicht privat ist. Ich meine, ich hoffe, dass Sie das kennen.

Als ich so dastand und verzweifelnd vorlas und um Erfolg rang und vor Lotti nicht scheitern wollte – da ahnte ich, dass mein ganzes Leben einmal viel mehr wert gewesen sein musste. Vor Lotti, das war klar, konnte man sich nicht herausreden.

(Ich habe zu meinen Zeichnungen damals Gedichte geschrieben, und der Lehrer empfahl mir – weil ich eine schlechte Handschrift hatte –, die Gedichte von Lotti auf die Zeichnungen schreiben zu lassen. Ich habe es ihr erzählt, aber sie erinnerte sich nicht.)

Eine Welt, in der alles noch so viel wert war.

Nicht nur Lotti gehörte dazu, sondern auch eine Frau, die Verkäuferin war in einem Wolladen, und ich war glücklich, wenn ich Wolle kaufen musste oder durfte für meine Mutter. Ich habe keine Ahnung, wie alt sie war – 25, 40, 60 –, ich weiss es nicht, aber wenn sie gefragt hätte »Willst du mich heiraten?«, ich hätte ja gesagt.

Und ein anderer gehörte dazu, ein Arbeiter namens Käser mit einem Rucksack, den ich Rucksack-Käser nannte. Ich wüsste nicht mehr, wie er ausgesehen hat, aber kürzlich sah ich einen, von dem ich annahm, er gleiche ihm. Auch er könnte ohne weiteres noch leben – so wie Lotti oder so wie die Frau im Wolladen, deren Namen ich nicht kenne und der nie – auch auf Umwegen – in Erfahrung zu bringen sein wird.

Ich bin aus einer Welt herausgewachsen – es ist eine ganz andere, in der ich jetzt lebe –, und ich stelle zu meiner Überraschung fest, dass die Figuren aus jener anderen Welt jetzt auch in dieser Welt leben.

Mir selbst ist nicht aufgefallen, dass ich die Welt gewechselt habe – es fällt mir nur auf, wenn ich hier – auf dieser Welt – die Figuren aus jener andern Welt treffe.

Sie muss sehr viel mehr wert gewesen sein – jene andere Welt.

Die Erwachsenen machen irgend etwas falsch.   28. 2. 76

Sie kennen die Geschichte. Nehmen Sie es mir nicht übel, wenn ich annehme, dass Sie sie als fast selbst erlebt weitererzählt haben, ich tu' es auch. Mythen und Legenden haben so ihre Kraft, man muss sie weitererzählen.

Also: Der, der mir das erzählt hat, hat es direkt von einem, dem es einer erzählt hat, der den entsprechenden Personalchef kennt.

Also: Ein Stellensuchender kommt zu einem Personalchef. Jener ist bereit, ihn einzustellen, und weist mit Stolz darauf hin, dass in dieser Firma noch voll gearbeitet werde. »Was, sie arbeiten am Freitag?« sagt der Stellensuchende, »das interessiert mich nicht, ich wünsche Kurzarbeit.« Also, Hand aufs Herz, Sie kennen die Geschichte, und also, Hand aufs Herz, Sie haben Sie weitererzählt, in der Überzeugung, dass es diesen Personalchef gibt und dass der, der Ihnen das erzählt hat, einen kennt, der ihn kennt, aber – Hand aufs Herz – kennen Sie den Stellensuchenden und kennen Sie den Personalchef?

Gut, ich kann mir vorstellen, dass ein Personalchef zu finden ist, der diese Geschichte bezeugt. Ich kann mir sogar vorstellen, dass sie wahr ist. Aber sie wird mir ein bisschen zu oft erzählt, so als ob sie jeden Tag an jedem Ort und jedem Personalchef passieren würde.

Eine Wanderanekdote mit Methode: Was sich ein Arbeiter gefallen lassen muss, das soll ihm auch gefallen.

Eine andere Geschichte – sie wird nicht so oft erzählt. Sie ist wahr: Ein älterer Arbeiter verstaucht sich bei der Arbeit die Hand. Er geht zu seinem Hausarzt, den er seit Jahren nicht mehr beanspruchen musste, und dieser stellt fest, dass die Hand zur Heilung einige Tage vollkommene Ruhe brauche. Die Firma ruft den Arzt an und erklärt, dass sie solche

Zeugnisse nicht mehr akzeptieren könne, entweder arbeite der Mann, oder man müsse ihn entlassen, denn jetzt, wo sie so viele Leute hätten entlassen müssen, seien sie auf den letzten Mann voll und ganz angewiesen, um den Betrieb aufrechterhalten zu können.

Ich weiss nicht, wie oft diese Geschichte wirklich passiert, ich weiss nur, dass sie weniger oft erzählt wird – sehr wahrscheinlich, weil sie weniger lustig ist.

Und ich weiss, dass es Ärzte gibt, die vor ernsten Gewissensfragen stehen, wenn noch nicht ausgeheilte Patienten darum bitten, wieder arbeiten zu dürfen, weil sie Angst haben, sonst ihre Stelle zu verlieren.

Die Unternehmer stellen es mit Begeisterung fest – weniger Absenzen und höhere Arbeitsleistung. Und nicht nur Unternehmer finden das richtig, sondern es gibt auch Arbeiter, die diese Geschichte hören und weitererzählen.

Nun tut man plötzlich so, als ob der Schweizer Arbeiter der faulste, der unzuverlässigste, unbrauchbarste und versoffenste aller Arbeiter gewesen wäre.

Nur weil er heute mit Fieber arbeiten geht, wirft man ihm vor, dass er früher den Rat des Arztes befolgte, denn nun erbringt er ja den Beweis, dass er früher nicht das Letzte eingesetzt hat bei seiner Arbeit – nämlich sein Leben. Nun gehört er seiner Arbeit endlich ganz, nun weiss er endlich wieder, für was er zu leben und für was er zu sterben hat. Es gibt nun wieder einen Arbeitsmarkt, d. h. man kann wieder auf dem freien Menschenmarkt Arbeit einkaufen – und man kann die Situation mit Geschichten bagatellisieren und die Arbeiter mit Geschichten disziplinieren. Es wird endlich wieder gezittert bei der Arbeit, sie kommt endlich wieder aus dem Verdacht, etwas mit Menschenwürde und Selbsterfüllung zu tun zu haben.

Ich kenne Ausländer, denen es vor Jahren schon sehr schwer gefallen ist, sich an den hektischen schweizerischen Arbeitsrhythmus zu gewöhnen, und die davon sprachen, dass nirgends auf der Welt so geschuftet werde wie hier. Ich glaube, das hat mitunter mit schweizerischem Temperament zu tun und nicht etwa mit der Bösartigkeit schweizerischer Unternehmer. Es sieht aber so aus, als sei ihnen dieser freiwillig fleissige Arbeiter ein Dorn im Auge gewesen. Nun soll er nachträglich dafür geprügelt werden, dass er früher freiwillig zuverlässig war.

(Nebenbei: Ist Ihnen aufgefallen, dass das Wort »Arbeiter« wieder brauchbar geworden ist? Das Ersatzwort »Arbeitnehmer« will nicht mehr so richtig funktionieren.)

Eine dritte Geschichte – auch eine, von der ich annehme, dass sie nicht häufig ist: Ich treffe in der Wirtschaft Kamerad X. aus dem Militär. Er hat – wie immer, wenn ich ihn hier treffe – etwas viel getrunken. Und er hat – wie immer, wenn er etwas viel getrunken hat – den Eindruck, dass er der einzige ist, der weiss, was die Welt kostet. Typ Provinzplayboy, geckig und nicht unfröhlich. Er sei Millionär, sagt er, und wir Arschlöcher seien das alle nicht. (Er ist es übrigens.) Und er sei Millionär, sagt er, weil er sehr intelligent sei. (Er ist – ich lege die Hand dafür ins Feuer – strohdumm, aber er hat so ein kleines Uhrenbudeli und jetzt dazu noch das Glück, dass er jenen Bestandteil herstellt, den wir noch gut exportieren können.)

Eigentlich hätte ich ihm gewünscht, dass er ganz tüchtig verprügelt worden wäre. In jener Wirtschaft sitzen viele Arbeitslose, aber die haben ihn – nachdem er gegangen war – sehr gelobt. Das sei ein ganz gescheiter Kerl, sagen sie, und der hätte ganz unten angefangen und es zu etwas gebracht.

Da wurde mir etwas klar. Es gibt gar keine Fronten zwischen Unternehmern und Arbeitern, und die Unternehmer laufen in keine Gefahr, wenn sie provozieren, denn diese Arbeiter glauben nach wie vor an die Möglichkeit, auch Unternehmer werden zu können, und sie denken im voraus mit ihnen und erzählen ihre Geschichten weiter.

So also zum Schluss eine Geschichte, die nicht wahr ist:

Als die Gazellen von den Löwen Mitbestimmung forderten, waren die Löwen dagegen. »Es kommt noch so weit, dass die Gazellen bestimmen, wenn wir fressen«, sagten die Löwen. Sie beriefen sich auf eine unverdächtige Studie des WWF und sprachen von Wildpartnerschaft bei klarer Kompetenzentrennung: Fressen auf der einen Seite, Gefressenwerden auf der andern Seite. »Denn«, so sagten sie, »es liegt doch auf der Hand, dass einer nicht zugleich etwas vom Gefressen-Werden und vom Fressen verstehen kann. Und der Entscheid, jemanden zu fressen, muss schnell und unabhängig gefasst werden können.«

Das leuchtete denn auch den Gazellen ein. »Eigentlich haben sie recht«, sagte eine Gazelle, »denn schliesslich fressen wir ja auch.« – »Aber nur Gras«, sagte eine andere Gazelle. »Ja, schon«, sagte die erste, »aber nur weil wir Gazellen sind. Wenn wir Löwen wären, würden wir auch Gazellen fressen.«

– »Richtig«, sagten die Löwen.

Aber als Gleichnis für irgend etwas ist diese Geschichte unbrauchbar. Nicht etwa nur, weil Tiere nicht reden können, sondern vor allem, weil Gazellen und Löwen ganz verschiedene Tiere sind und keine Gazelle je die Chance haben wird, ein Löwe zu werden.   20. 3. 76

Der Entdecker des Penicillins

Kolumnen schreiben, ein eigenartiges Geschäft, nicht dass es mir nicht Spass machen würde, aber es fällt mir dabei immer wieder ein Satz ein von einem Autor, zu dem wir in der Mittelschule gezwungen wurden, der eigentlich nie mein Autor wurde, aber eben dieser Satz: Bergengruen, eine Ballade mit dem Titel. »Der Hund in der Kirche« – ich gebe den Inhalt aus dem Gedächtnis wieder: Ein Hund schleicht während der Messe in die Kirche, die Leute sind entsetzt, der Hund sucht ein Mädchen in den vorderen Reihen, es errötet und bekennt sich dann doch zu seinem Hund usw.

Das Entsetzen der Leute beschreibt Bergengruen mit dem Satz: »Gern bereit, ein Ärgernis zu nehmen . . .«

Der Satz ist mir geblieben, und er ist mir heute wieder eingefallen, als ich mich an diesen Tisch setzte und meine Zettel ausbreitete mit Stichwörtern für eine mögliche Kolumne:

Nichts als Ärgernisse, nichts als Möglichkeiten, dagegen zu sein, dagegen anschreiben zu können oder gar zu müssen.

»Gern bereit, ein Ärgernis zu nehmen« ist bei Bergengruen eine Formel der Spiessbürgerlichkeit. Der Spiesser, er ärgert sich über Langhaarige, über Jugendliche, über Linke, über Italiener, Spanier usw.

Dann sollte es eigentlich so sein, dass sich der Nichtspiesser freut – aber der Nichtspiesser ärgert sich auch: über Spiesser, über kalte Krieger, über Kapitalisten und Waffenschieber, über Ungerechtigkeit und Ungerechtigkeit und Ungerechtigkeit.

Weiss der Teufel, mit Recht.

Mir liegt das heute nicht, weil – weil – eigentlich ohne Grund – aber ich habe mich heute gefreut. Ich war auf dem Berg (so nennt man hier den Jura), am Morgen früh mit einem guten

Freund, ein gutes Gespräch, ein blauer Himmel, ein Frühling, der sich nach und nach durchsetzt – beschreibbar zwar (Mörike und Eichendorff und andere, selbst Heine, haben es getan), beschreibbar zwar, aber kein Thema.

Also dann etwas Lustiges.

Ich schmeisse meine Zettel weg – die Zettel mit den Stichwörtern für Ärgernisse – und gehe auf die Suche nach Lustigem. Im ersten Restaurant wird so angeregt diskutiert, dass ich mich nicht enthalten kann, mich daran zu beteiligen – ohne Ironie –, ich freue mich darüber, dass auch meine Voten gehört werden, akzeptiert werden und gewichtet werden.

Es geht – ich lüge nicht, und ich hätte die Phantasie nicht, es zu erfinden – es geht um die Rolltreppen im Warenhaus. Nicht dass die neu wären, die Rolltreppen, die gibt es seit bald zwanzig Jahren, aber es geht um die Frage, ob man es schafft, sämtliche Stockwerke aufwärts und abwärts mit der Rolltreppe zu erreichen. Aufwärts, da einigt man sich schnell darüber, ist es möglich, wenn man auch von der Lebensmittelabteilung sehr weit gehen muss, nämlich bis zur Do-it-yourself-Abteilung, bis man wieder eine Rolltreppe aufwärts findet. Abwärts ist hingegen die Schwierigkeit ganz oben bei der Sportabteilung, die man zwar mit einer Rolltreppe erreicht, aber – ich habe bezahlt und bin weitergegangen, und es tat mir leid, dass ich gehen mußte. Die Sache hätte mich wirklich interessiert, aber ich war auf der Suche nach einem Thema für eine Kolumne, und dazu sind die Rolltreppen eines Kaufhauses einer Provinzstadt und die Frage – Denkaufgabe –, ob es theoretisch möglich wäre usw., nicht geeignet.

Nächstes Restaurant (es fällt mir schwer Restaurant zu sagen, aber in der Schweiz heissen die so, und ich finde das freundlich). Ich komme zu spät und kann nur noch wiedergeben, was ich mitbekommen habe. Es geht darum, ob das 1956 oder 1957 war – ich weiss nicht was –, der und der hat jedenfalls noch gelebt. Hast du ihn gekannt? Der mit dem Hut – und dann eine Ausbreitung von Wissen, mit dem die drei jede Prüfung bestanden hätten, wenn dieses Wissen Prüfungsgegenstand gewesen wäre, mit genauen Datierungen: »Am 14. Mai 1956, nachmittags, Regen« usw. Ich bezahle und trenne mich wieder widerwillig, denn mich persönlich hätte auch dies interessiert aber beschreibenswert ist es nicht.

Nächstes Restaurant – jetzt Kaffee, denn ich habe noch eine Kolumne zu schreiben –, vier Leute, Thema Fischen, und zwar nicht einfach so, sondern höheres Fischen mit Fliegen (Lionel bindet die besten und kennt von allen die lateinischen Namen). Da kann ich auch mitreden, weil Lionel mir kürzlich erklärt hat, was für Material man verwendet zum Binden von Fliegen: die Kragen von Hähnen (männlichen Hühnern), und er hat mir welche gezeigt, und sie sind schön anzuschauen und anzufassen, und es gibt welche, die kosten einige hundert Franken. Aber mehr kann ich zum Gespräch nicht beitragen, also verlege ich mich aufs Fragen. »Hält man die Fliegen eigentlich übers Wasser, oder legt man sie aufs Wasser?« Man legt sie aufs Wasser, und dann muss man sie oft ein bisschen einfetten, damit sie schwimmen. Sie freuen sich über Fragen, wiederum vier, die jede Prüfung bestehen würden, wenn dies das Prüfungsthema wäre, und sie lassen sich gern prüfen. Ihre Antworten sind nicht vorschnell, sondern differenziert – wissenschaftlich. Das sind Fachleute, nicht einfach Profis, sondern Fachleute: Fischen ein Leben, ich beneide sie.

Nun erinnere ich mich an das Gespräch der Rolltreppenleute, erinnere mich an die Exaktheit, mit der jede einzelne Treppe – von Stockwerk zu Stockwerk – geortet wurde, wieviel Wert sie darauf legten, gemeinsam das Problem der Rolltreppen im Warenhaus theoretisch zu lösen. Betrunkene – ja sicher, wie kämen sie sonst darauf – aber immerhin ein Thema.

Aber ein Thema für nichts, zum Sprechen zwar und exakt abgehandelt, aber letztlich doch nicht mehr als das Bellen eines Hundes – man kann nicht zusammensitzen, ohne zu sprechen.

Letzte Wirtschaft, kurz vor zwölf: Ich setze mich an einen einzelnen Tisch. Kurz darauf kommt noch ein Gast, ein älterer Mann, er sieht aus wie ein Pfarrer oder wie ein Privatgelehrter (wenn es das gäbe), eine Mischung zwischen Karl Barth und Auguste Piccard vielleicht – in Wirklichkeit ein Trinker. Er sieht in Gesicht und Haltung recht konservativ aus, trägt aber einen Manchesterkittel und ein rotes Halstuch. Er nimmt die Zeitung, setzt sich an den Tisch mir gegenüber. Die Serviertochter bringt ein Bier, offensichtlich kommt er immer zu dieser Zeit, er bestellt nicht, er grüsst nicht. Ich möchte gern wissen, wer er ist, und ich möchte gern seine Geschichte wissen. Er sieht aus, wie wenn er eine Geschichte hätte – bei seiner ganzen Würde fällt auf, dass die Bügel seiner Brille aus Elektrikerdraht sind, und das tut seiner Würde keinen Abbruch –, ich wage nicht, ihn anzusprechen, aber wie ich nach Hause gehe, erfinde ich mir seine Geschichte, ich weiss, dass sie nicht wahr ist, aber lassen Sie mir das: Das war der Entdecker des Penicillins.

10. 4. 76

Wie hast du's mit Amerika?

Ich höre, dass der ehemalige Nixon-Mann Connally in Amerika so eine Art Bürgeraktion gegen eine mögliche Beteiligung von Kommunisten an der italienischen Regierung gegründet hat.

Das ist Amerika! Das ist – das ist auch Amerika.

Ich komme eben von dort zurück, und meine Bekannten fragen mich, wie es war, und ich sage: »Schön, wunderbar, phantastisch.« Ich sage, dass ich dort – in New York – leben möchte. Ich sage, dass es mir nicht leichtgefallen sei, zurückzukommen.

Ja sicher, ich übertreibe – aber man übertreibt nicht ohne Gründe. Und letztlich liegt es wohl nicht an einem Land, wenn man von ihm begeistert ist, sondern an eigenen Gefühlen und Erlebnissen.

Die mögen unter anderem sehr persönlich sein und nicht mitteilbar, aber dann gibt es auch die Liebe zu einer Stadt – zu New York – eine Stadt, in der alles möglich ist, in der es alles gibt – viele Häuser und viele Menschen und alle Arten von Menschen.

Immer wieder dieselbe Überraschung, wenn man bei der Ankunft den ersten Schwarzen sieht. Das weiss man zwar, jeder weiss es, dass es da Schwarze gibt und dass es ein Rassenproblem gibt, aber dann doch immer wieder die optische Überraschung. Man muss sich beherrschen, dass man ihn nicht anstarrt. Und die Freundlichkeit der Amerikaner. Man hat zwar schon nach der letzten Reise allen Leuten davon erzählt, trotzdem ist man erneut überrascht.

Ich erzähle auch jetzt wieder meinen Bekannten davon, jenen, die noch nie da waren, und sie haben ihre Antwort bereit. Sie wissen: »Freundlich ja, aber doch nur oberflächlich, vordergründig?« Sie kennen auch den Ausdruck dafür: »Keep smiling.«

Und gut, ich muss zugeben, es ist Freundlichkeit, nicht mehr. Aber das ist vielleicht doch viel, jederzeit »bitte« (please) zu sagen, sich den Namen des andern zu merken, wenn er einem beiläufig vorgestellt wird, und den Namen nach Tagen noch zu wissen und über die Strassen »Hello Peter« zu rufen und den Namen auch auszusprechen bei Fragen und Antworten. Gut, das ist einfach antrainiert. Wir können es nicht, weil wir es nicht trainiert haben, wir kokettieren alle mit unserem schlechten Namensgedächtnis. Aber sich einen Namen zu merken, das ist eine Anstrengung, eine Leistung, eine kleine Aufmerksamkeit, die mehr wert ist als Blumen. Und das ist nicht unwichtig als Mittel, in der Anonymität der grossen Stadt zu überleben. Man gibt einem andern viel, wenn man ihm seine Identität gibt.

Dann eine Stadt zum Anschauen, zum Dasitzen und Anschauen. Die »New York Times« kaufen am Morgen – Snobismus oder Exotik, aber es tut irgendwie gut, eine »New York Times« unter dem Arm zu tragen. Dann der Barkeeper, der einen schon das zweite Mal wie einen alten Bekannten begrüsst und einen spendiert (one on the house). Und dann auch plötzlich die überraschende Einsicht, wenn ich hier in einem kleinen Ramschladen etwas kaufe, dass ich dann nicht beim reichen Mann kaufe. Dass es hier Arme gibt, die sich mit einem kleinen Lädeli schlecht und recht durchschlagen. Ich merke es ihm an, dass er auf diese meine fünf Dollar angewiesen ist, dass er vielleicht genau mit diesen essen geht. Typisch für Amerika? – Nein, wohl nicht. Aber wer entscheidet über typisch und untypisch – letztlich wohl doch nur die Statistik, und die habe ich nicht zur Hand, wenn ich mich über die Freundlichkeit eines Trödlers an der Canal Street freue.

Und dann in jener »New York Times« nach dem suchen, was wir hier in Europa Weltpolitik nennen. Man findet es nicht, nichts über Frankreich, nichts über Deutschland, über Italien, kaum etwas über die Sowjetunion, es sei denn im Zusammenhang mit Amerika, mit amerikanischen Interessen. Oder es sei denn, ein europäischer Präsident stirbt, wird ersetzt usw. Die Enttäuschung des Europäers, dass in dieser Zeitung all das, was wir »Welt« nennen, zusammenschmilzt auf ein paar politische (mehr oder weniger genaue) Fakten.

Dann ein Flug von New York nach Los Angeles, der fast so lange dauert wie jener von Zürich nach New York – ein grosses Land. Ich habe zum ersten Mal beim Fliegen vom Start bis zur Landung nur aus dem Fenster geschaut. Ich habe mir vorgestellt, dass diese Strecke von den Go-West-Leuten zurückgelegt wurde, die Wüste, die Rocky Mountains, der Grand Canyon. Man sieht vom Flugzeug aus, wie sich der Mensch in diese Wüste hineinkratzt.

Ein grosses Land.

Und mir fällt ein, wie wenig Assoziationen ich habe, wenn ich zu Hause das Wort Amerika ausspreche – ein Präsident, ein Kissinger, eine CIA – ein Cowboy, wenn es hochkommt. .

Sicher, Europa hat mehr Informationen über Amerika als Amerika über uns, und wir beschäftigen uns auch mehr damit – auch Blue Jeans sind eine Information. Und manch einer, der noch nie in Amerika war, mag vielleicht durch Lektüre mehr über Amerika wissen als ich. Ich bin kein Amerikakenner – ein simpler Tourist, dem seine Ferien gefallen haben.

Und danach, so glaube ich, fragen mich meine Bekannten: »Wie hat es dir gefallen?« Und ich komme mir vor wie ein Schüler, der zum voraus weiss, dass seine Antwort falsch ist, wenn ich sage: »Es war richtig schön, New York ist eine wunderbare Stadt – ich fühle mich richtig gut in New York.«

Denn schließlich, das verstehe ich, meinen sie mit ihrer Frage nicht, wie es mir persönlich ergangen sei, sondern so etwas wie »Wie hast du's mit Amerika?«

Von Häuserschluchten in New York möchten sie wohl hören. Sie glauben mir nicht recht, dass man auch nachts auf der Strasse gehen kann, sie glauben mir nicht, dass ich meine Sonnenbräune von den Strassen New Yorks habe und vom Washington Square, sie glauben mir nicht, wenn ich sage, dass die Amerikaner ausgesprochen freundlich seien und dass einem das Freude mache.

Denn als »Amerikaner« bezeichnet man hier etwas anderes als einfach die Leute, die in diesem Land leben.

»Die Amerikaner«, so heisst eine Armee. »Die Amerikaner«, so heisst eine kapitalistische Wirtschaftsmacht. »Die Amerikaner« so heisst die CIA.

Eigenartig, dass man einem, der aus Spanien zurückkehrt, sofort glaubt, dass es in Spanien auch Spanier gibt, die Spanier nette Spanier sind und nicht Faschisten. Für engagierte Linke war es zwar immer etwas suspekt, nach Spanien in die Ferien zu gehen, und wenn sie's schon taten, dann schämten sie sich immerhin ein wenig, dass sie in diesem Land schöne Tage hatten.

Aber das Wort »Spanier« ist nicht zum Signet für Faschismus geworden so wie das Wort »Amerikaner« zum Signet für brutalen Kapitalismus – dies wohl ganz einfach deshalb, weil Spanien keine Weltmacht ist.

So muss ich halt deutlich sagen, dass ich für diesmal mit dem Wort »Amerika« die Bezeichnung für ein Land meine und mit dem Wort »Amerikaner« die Bezeichnung für die Leute, die in diesem Land leben. Sie sind nicht so sehr typisch, wie wir uns das so gern vorstellen – es gibt viele und verschiedene, und New York ist eine kleine (oder grosse) Welt voller Menschen. Sie leben in einer Stadt, die man seit Jahren untergehen zu sehen glaubt und die immer noch da ist und nicht schlechter aussieht als vor vier oder zehn Jahren. (Wie gesagt, mir fehlt die Statistik, und ich rede nur von dem, was ich gesehen habe.)

Und die Menschen, die hier leben, kamen alle irgend einmal

hier an. Sie legen Wert darauf, eine Herkunft in der Alten Welt zu haben. Sie sind Iren, Juden, Deutsche, Spanier, Puertoricaner – ihre Väter und Grossväter sind hier angekommen.

Und Amerika war für sie eine Hoffnung.

Für viele ist es nicht mehr geworden, für viele ist es weiterhin nur eine Hoffnung. Aber für einen satten Europäer kann es wohltuend sein, so viel Hoffnung (wenn auch verzweifelte) versammelt zu sehen.

Amerikanischer Patriotismus wird uns wohl unverständlich bleiben – dass jedes Fest – selbst Ostern – ein Fest der amerikanischen Flaggen ist, das verdauen wir schlecht. Aber vielleicht ist es so, dass diese Flagge auch für die Amerikaner etwas Exotisches hat, nicht Realität ist, sondern Versprechen.

Vielleicht ist es so, dass Blue Jeans auch für einen Amerikaner ein besonderes Kleidungsstück sind.

Jedenfalls ist es eigenartig, dass diese amerikanischen Jeans lange und teilweise bis heute das Signet der Progressiven bei uns waren – dass, wer bei uns eine amerikanische Armeejakke trägt, wohl kaum ein Bürgerlicher ist. Ich glaube nicht, dass sich das nur damit begründen lässt, dass diese Kleidungsstücke praktisch oder billig sind.

Vielleicht hat das irgendwie auch mit Hoffnung zu tun. Vielleicht erwarten wir wirklich – ohne es zu wissen – etwas von diesem Amerika. Und vielleicht ist unser gebrochenes Verhältnis zu diesem Wort »Amerika« der Ausdruck unserer Ungeduld oder unserer Enttäuschung. 15. 5. 76

Guten Tag Hello

Ich weiss nicht mehr, von wem ich die Geschichte habe, und ich weiss nicht mehr, wo sie sich zugetragen hat, wohl in England oder Amerika.

Jemand hat mir von einem Kind erzählt, das die Leute als Hellos bezeichnete. Er sagte also nicht: »Schau dort, der Mann«, sondern es sagte: »Schau dort, ein Hello.« Und es sagte: »Ein Hello ist gekommen, ein Hello steht vor der Türe.«

Dies ganz einfach, weil es hörte, wie sein Vater zu den Leuten »Hello« sagte. Wenn man zu einem Tisch »Tisch« sagt und zu einem Stuhl »Stuhl«, dann müssen ja jene, zu denen man »Hello« sagt, Hellos sein.

Ich weiss nicht, ob die Geschichte vielleicht nur mir gefällt, aber offensichtlich auch jenem, der sie mir erzählt hat, und vielleicht auch andern.

Mir gefällt die Geschichte, weil ich mir vorstelle, dass Hellos viel freundlicher sind als Menschen oder Leute oder Männer oder Frauen. Jedenfalls wird es einem Hello nicht gelingen, gefährlich zu sein oder aggressiv. Ein Hello ist weder ehrgeizig noch eitel. Er benötigt keinen Psychiater, und es scheint mir, dass er viel mehr gemeinsame Eigenschaften hat als ein Mensch. Ein Hello tönt etwa so, wie wenn man »Leute« in der Einzahl sagen könnte: ein Leut.

Hellos, so scheint mir, sind so etwas wie eine Hoffnung. Das einzige, was Du zu tun hast, ist, ein Hello zu werden. So einfach ist das.

Im übrigen ist es eigenartig, wie wohl einem das tut, von einem Kind bemerkt oder gar irgendwie benannt zu werden, wieviel Ehrgeiz und Eitelkeit man dafür investiert. Es ist der Grund dafür, dass sich Tante Emma gegenüber ihren kleinen Neffen so kindisch und dumm aufführt.

Oder dann etwa die Beleidigung, wenn man vor einem Hund scheitert. Vor Jahren hat mir meine Familie einen aufgedrängt – ich mag Hunde nicht, oder ich mochte Hunde nicht, bis mir auffiel, wie sehr ich darauf angewiesen bin, dass mich mein Hund mag. Meiner war ausgesprochen scheu, und wenn Besuch kam, versteckte er sich für den ganzen Abend unterm Tisch oder in einer Ecke.

Ein Hund ist offensichtlich etwas, zu dem man Stellung beziehen muss. Also erklärt der Gast bereits beim Eintreten, dass er Hunde mag oder dass er Hunde fürchtet oder dass er Hunde nicht mag.

Aber auch jene, die Hunde nicht mögen, legen grossen Wert darauf, von Hunden gemocht zu werden. Solange wir jenen schüchternen Hund hatten, waren Gespräche mit Gästen bei uns kaum möglich. Selbst eingeschworene Hundehasser versuchten den ganzen Abend lang, den Hund an ihre Seite zu locken. Ich beteuerte, dass dies alles keinen Sinn habe, aber sie liessen nicht ab davon.

Ich weiss nicht, warum sie später nicht mehr zu Besuch kamen. Entweder weil sie den Eindruck bekamen, mit uns könne man kein Gespräch führen, oder weil sie es uns persönlich übelnahmen, dass sie vor unserem Hund scheiterten.

Ich weiss, die beiden Geschichten passen nicht zusammen, und es wundert mich eigentlich auch, weshalb sie mir gleichzeitig einfallen.

Aber vielleicht deshalb, weil man mit Kindern und Hunden gern Geheimabkommen trifft, weil man eben vor ihnen scheitert mit alldem, was man sich für die Menschen zurechtgelegt, erkrampft und zusammengebastelt hat.

Vor einem Hund scheitern ist offensichtlich so etwas wie ein Gottesurteil.

Wer vor ihnen scheitert, ist kein Hello.

Auf dem Markt in Solothurn steht ein Mann, ein sogenannter Sandwichmann mit umgehängten Plakaten. »Leben ohne

Hass« oder so etwas steht darauf. Er verteilt den Leuten Zettel, Traktätchen: »Achtung, ansteckende Gesundheit!« – »Auf zum gesunden Frohmut!« Und dann einige Sprüche aus der Bibel – kein Kommentar, nur diese Sprüche. Zum Beispiel: »Mach dich selbst nicht traurig, und plag dich nicht selbst mit deinen eigenen Gedanken; denn Traurigkeit tötet viele Leute und dient doch zu nichts. Eifer und Zorn verkürzen das Leben, und Sorge macht alt vor der Zeit« (Sirach 30).

Ich weiss nicht, weshalb mir bei dieser Gelegenheit die Geschichte vom Hello eingefallen ist. Er glaubt wohl, dass die Menschen nur etwas besser werden sollten, und dann wär' es gut.

Was er wohl von der Fristenlösung hält? Von den Kommunisten? Von den Langhaarigen? Von der Entwicklungshilfe? Von der Rezession? Vom Militär? Von den Feldpredigern? Ich verzichte darauf, seinen Zorn zu prüfen.

Der Mann ist freundlich, lächelt den Leuten zu, demonstriert – etwas tolpatschig vielleicht – Sanftmut.

Aber so viel Überzeugung – vermute ich – muss in Verbitterung enden. Sein Rezept ist einfach: Leben ohne Hass.

Er muss mich – so vermute ich – dafür hassen, dass ich's nicht begreife.

Ich nehme an, dass er dem, was ich meine – politisch, gesellschaftlich –, feindlich ist, und ich nehme an, dass er wirklich ein freundlicher Mann ist. Ein freundlicher Mann also ist mir feindlich.

Wenn er mich gottlos nennt, dann meint er mehr als nur, dass ich keinen Gott hätte.

Mir ist die Geschichte vom Hello eingefallen. Sie hat mir immer sehr gefallen. Jetzt weiss ich nicht mehr, ob es eine gute Geschichte ist, ob es wünschenswert ist, ein Hello zu werden und von Hunden geliebt zu werden.

Ich könnte mir auch vorstellen, dass jenes Kind seinen sprachlichen Irrtum sehr schnell eingesehen hat, aber darauf beharrte, um etwas auszuprobieren.

Und vielleicht ist das nicht mehr als das befreiende Erlebnis, für kurze Zeit in einem Land zu leben, wo die Dinge anders heissen, wo Englisch oder Französisch oder Italienisch eben sehr viel schönere Sprachen sind als Deutsch, weil ihnen das fehlt, was die eigene hat, Bedeutung und Belastung.

Jedenfalls, ich sehe ein – wenn auch ungern –, mit der Geschichte von den Hellos ist nichts anzufangen. Ich lasse sie hier stehen, nur damit ich sie endlich los habe. Denn sie verfolgt mich seit Monaten, und ich habe mehrmals versucht, etwas aus ihr herauszuholen.

Was bleibt und mich weiterhin interessiert, ist die Frage, warum mir, und vielleicht auch andern, diese Geschichte gefällt, diese Geschichte, die nichts hergibt und nichts bedeutet.

Vielleicht weil aus dem kindlichen Hello so etwas wie Zärtlichkeit spricht, vielleicht weil wir genug haben von Begriffen wie »menschlich« oder »allzumenschlich«, und vielleicht weil wir doch ganz genau wissen, dass es nicht die Gesamtheit der einzelnen Menschen ist, die diese Welt so unfreundlich macht. Oder vielleicht ganz einfach, weil durch die Bezeichnung »Hello« die Menschen objektiviert werden. Hello ist dann eine Bezeichnung wie Auto oder Haus, wie Hund oder Zebra, und es ist wohl schon so, dass wir mit Objekten freundlicher oder zärtlicher umgehen als mit Subjekten.   5. 6. 76

Der Oberst und sein Otto

Es gibt Leute, die sich mühelos erinnern – ich meine damit nicht etwa Leute mit einem Gedächtnis, sondern ich meine die Leute, denen es offensichtlich nichts ausmacht, eines zu haben.

Der ehemalige deutsche Luftwaffenoberst und spätere Nato-General erinnert sich. Er weiss die Zahl seiner Einsätze, die Zahl seiner Abstürze, die Zahl seiner siegreichen Luftkämpfe. Ich habe ihn in einer Talk-Show gesehen, und er hat den Interviewer auch um zwei Luftkämpfe korrigiert, als dieser eine Zahl nannte.

Er hat im übrigen auch eingesehen – was eingesehen? –, und er ist im übrigen auch nicht das, was man einen alten Nazi nennt, nicht einmal ein alter Haudegen, zu dem er eigentlich von seiner Biographie her prädestiniert wäre.

Aber darum geht es mir gar nicht. Was mich überrascht ist nur, wie mühelos er sich erinnert. Ich habe schon davon gehört, dass es auch Privatfliegern selbstverständlich ist, Buch zu führen über ihre Starts, über ihre Flugstunden – Bordbuch heisst das, so viel ich weiss –, und es ist wohl sogar obligatorisch. Vielleicht war es nicht einmal der Luftwaffenoberst selbst, der seine Einsätze und Siege zusammengezählt hat, sondern eine Amtsstelle.

Er schneidet auch nicht auf damit, gibt sich bescheiden – Helden, auch sportliche zum Beispiel, wissen, dass ihnen Aufschneiderei schlecht steht.

Schuld oder Unschuld? – Er beteuert jedenfalls nicht seine Unschuld – was er vorzuweisen hat, sind Fakten, da gibt es von rechts und von links nichts zu rütteln daran – soundso viele Einsätze, Abschüsse, Abstürze – fürs erste einmal wertfrei, nackte Zahlen – die Erinnerung durch Buchhaltung entschärft.

Lassen wir das – mache sich jeder seine Gedanken selbst darüber! Mich hat neben diesen Gedanken noch etwas anderes beschäftigt, als ich das sah und hörte. Ich war kurz vorher von einer Reise zurückgekehrt. Zum ersten Mal hatte ich ein Notizbuch mit und versuchte mich zu zwingen, täglich aufzuschreiben, was ich getan habe, kein eigentliches Tagebuch, schon gar nicht ein literarisches, sondern so etwas wie eine tägliche Buchführung: Bars, Kinos, welche Leute getroffen, in welchem Park gesessen.

Nun blättere ich es durch und entdecke Verfälschungen. Gut, ich könnte mir ohne weiteres vorstellen, dass ich im Augenblick der Niederschrift fälsche, weil ich mich aus irgendeinem Grunde – aus einem lächerlichen vielleicht – schäme. Selbstverständlich entdecke ich in meinen Notizen auch eine solche Fälschung, und wahrscheinlich habe ich bei der Niederschrift bereits daran gedacht, dass ich später die Fälschung beim Lesen für mich schon in die Wahrheit übersetzen könnte.

Aber ich entdecke in meinen Notizen auch Fälschungen, von denen ich jetzt – zwei Monate später – nicht mehr weiss, aus was für Gründen sie nötig wurden.

Vielleicht gibt es nicht nur die Angst davor, ein Leben leben zu müssen, vielleicht gibt es auch die Angst davor, ein Leben gelebt zu haben.

Im übrigen halte ich mich für so etwas wie einen ehrlichen Menschen – ich meine, mündlich gebe ich es doch, wenn auch auf Umwegen, irgend einmal zu.

Die Schwierigkeiten beim Schreiben der Wahrheit – eine bekannte Frage, die sich auf Literatur bezieht.

Mir fallen sie fast täglich auf bei ganz gewöhnlichen Notizen, die nur für mich persönlich gedacht sind und die niemand sonst zu sehen bekommt, weil sie in der Regel in kleinen Fetzen im Papierkorb landen, nachdem sie ihren Zweck erfüllt haben.

Mündlich – so habe ich jedenfalls den Eindruck – bin ich mit mir ehrlicher. Irgend jemand hat mir offensichtlich nicht nur das Schreiben beigebracht, sondern auch die Ehrfurcht vor dem Schriftlichen, die Ehrfurcht vor der eigenen Unterschrift zum Beispiel, die grauenhafte Endgültigkeit von Verträgen. Schriftlich jedenfalls versuche ich mich zu belügen. Ich weiss nicht warum. Ich nehme zwar an, schon ein Psychologiestudent im ersten Semester wüsste es, aber das hilft mir wenig.

Ich habe mir bereits angewöhnt, in meiner Agenda nicht die eigentliche Sache aufzuschreiben, sondern so eine Art Eselsbrücke dazu, und es kommt nicht selten vor, dass es sich herausstellt, dass sich die Brücke schon wenige Tage später als nicht tragfähig erweist.

Ja, mein lieber Psychologiestudent, ich hatte schon ab und zu den Verdacht, dass ich ein Spiesser bin – einer, der Angst davor hat, schuldig zu werden, unwillentlich an irgend etwas beteiligt zu sein. Es ist nicht nur das Merkmal des Kriminellen, dass er mit Handschuhen arbeitet und keine Spuren hinterlässt, es ist auch das Merkmal des Spiessers.

Oder so

oder ich weiss nicht

und es ist auch nicht so wichtig, und sollte das nur mir persönlich passieren und niemand anderem, dann kann man es sein lassen.

Ich habe noch nie Tagebuch geführt und weiss deshalb nicht, was in wirklich intimen Tagebüchern, die niemand zu sehen bekommt, drinsteht.

Aber ich nehme doch an, dass sie etwas anderes sind als die Buchhaltung des Luftwaffenhelden.

Und ich habe den Verdacht, dass seine Lebensbuchhaltung ihn gerettet hat. Seine Vergangenheit ist geordnet. Er braucht sich nicht zu erinnern – er kann Zahlen und Fakten nennen und sagen: »Urteilt selbst, so war's, und ich habe keinen Grund, es zu bestreiten.«

Ich denke an meinen Freund Otto, der vor Jahren gestorben

ist. Ein einfacher, netter Mann, der so eine Art Hochdeutsch oder so eine Art Schweizerdeutsch sprach, und wenn er betrunken war, ein ekelhaftes Hochdeutsch. Er war bei Kriegsende als Auslandschweizer zurückgekommen. In Russland soll er geboren sein, sagte er jedenfalls. Nichts soll er damit zu tun gehabt haben – mit was?

Und dann war irgend etwas mit einem Oberst, dessen Fahrer er war. Und dann kam ab und zu wieder etwas von den Russen, die ihn geschnappt hatten, an die Wand stellen wollten, nur sein Schweizer Pass soll ihn gerettet haben.

Es gab Leute, die äusserten den Verdacht, dass es nicht sein Schweizer Pass war, sondern dass er den wohl einem echten Schweizer abgenommen hatte. Der Verdacht war unbegründet, denn da gab es noch einen Bruder, der auf andern Wegen in die Schweiz zurückgekommen war.

Gut, ich sollte hier wohl auch noch schreiben, warum er mein Freund war und warum ich ihn nett fand, aber das ist zu schwierig.

Ab und zu forderte er jemanden auf, er sollte sich doch nur auf den Marktplatz stellen und eine Rede halten gegen alle Schweinereien, die in diesem Land passieren, das Volk würde ihm zujubeln, und es würde eine Bewegung entstehen.

Er suchte wieder einen Führer.

Mir tat es richtig weh, dass Otto ein Nazi war.

Wenn er betrunken war, kam es ihm hoch – er erzählte nicht, es waren nur Stichwörter – aber dann einmal der Satz: »Als wir in Odessa lastwagenweise Juden ins Meer schütteten.«

Ich war nicht fähig, etwas dazu zu sagen. Ich hatte von da an sehr Mühe, mit ihm zu sprechen.

Aber eben, irgendwo tat er mir leid, ein einfacher, simpler Mensch.

Aber er muss Dreck am Stecken gehabt haben. Etwas Hohes war er bestimmt nicht, und ich bin überzeugt, es hätte kein

Anlass bestanden, ihn zur Rechenschaft zu ziehen, wenn man über sein Leben genau informiert gewesen wäre – ich meine kein rechtlicher, juristischer Anlass.

Hier war er ein Hilfsarbeiter, und vorher muss er ein Bauernknecht gewesen sein.

Ich habe die Szene nicht vergessen, als sein besoffenes Hirn den Satz von Odessa ausspuckte.

Er würde Odessa nicht gekannt haben, wenn er nicht da gewesen wäre, und er wäre wohl auch nicht auf die Idee gekommen, von Juden zu sprechen, wenn er nicht früher gewusst hätte, dass sie zu hassen sind.

Der kleine miese Otto war ein ganz überzeugter Nazi.

Ich habe an seinem Odessa-Satz immer ein wenig gezweifelt, aber es fiel mir trotzdem schwer, mit ihm zu sprechen.

Seit ich die Buchhaltung des Luftkämpfers gehört habe, bin ich restlos überzeugt, dass die Sache mit Odessa nicht der Wahrheit entsprach.

Ich weiss jetzt, woher der Satz kam. Der kleine, miese und besoffene Otto wollte auch einmal richtig aktiv dabeigewesen sein, und Zahlen hatte er keine vorzuweisen. Nur schuldig war er geworden.

Und er hatte Angst davor, ein Leben gelebt zu haben. Einmal wollte er auch mir mit seinem verdammten Leben Angst machen.

26. 6. 76

Abraham Lincoln als Henry Fonda

Ich wehre mich dagegen, es war mir schon das letzte Mal nicht so recht wohl dabei – aber also denn, noch einmal Amerika.

Ich habe persönlich zu viel damit zu tun, als dass ich mich dagegen wehren könnte, ich bin in Kleinstädten aufgewachsen, spätestens ab Sechzehn lebte ich im Kino. Nun stelle ich fest, dass ich vom blödsinnigen amerikanischen Serienfilm des Fernsehens mehr abhängig bin als meine Kinder. Ich sehe alles noch mal, lache darüber, dass es mich einmal aufgewühlt hat, und weil es das einmal getan hat, tut es das auch von neuem – dieses verdammte Würgen im Hals, am Schluss, wenn alles gut wird.

Zwei Namen – ganz nebenbei und ohne Zusammenhang – muss ich hier nennen, Gene Autry und Roy Rogers, nur um zu beweisen, dass ich damals schon im Kino war. Eine Reprise sind sie wohl nicht mehr wert. Ich stelle mir ihre Filme unheimlich blödsinnig vor und langweilig, der singende Cowboy mit weissem Hut und Gitarre zu Pferd – möglich, dass sogar ihre Namen falsch geschrieben sind, das spielt keine Rolle, und ich gebe auch zu, dass ich zum mindesten damals ihre Namen falsch ausgesprochen habe.

Aber ich bin in Kleinstädten aufgewachsen und im Kino, und das Kino kam aus Amerika, und vielleicht habe ich sogar meine »Gut-und-Böse«- und »Edel-sei-der-Mensch«-Vorstellung aus diesen Filmen, und vielleicht bin ich wegen dieser Filme Sozialist geworden, mich würde das ärgern und sie, die Hersteller, wohl auch.

Traummaschine Hollywood hiess das. Ich hab' es mir kürzlich angesehen, dieses Los Angeles, nicht eine Goldgräberstadt, sondern eine Gräberstadt – Forest Lawn, der Tod-in-Hollywood-Friedhof, ein riesiges Mausoleum mit klassischer Musik, Johann Strauss wurde gespielt, als ich durch die Marmorhallen ging. Der Amerikaner, der mich hinführte, versicherte mir, dass er noch nie jemanden getroffen habe, der hier begraben sein möchte, aber es werden täglich Leute begraben hier.

Und dann die Häuser von Mary Pickford, von Renoir, von Wilder. Ich beteuerte, dass mich diese Häuser nicht interessieren – es sind auch Särge und Mausoleen (nicht das von Renoir), und dann zum Schluss als Leckerbissen das Haus von Sharon Tate – aber von dem war nur eine Ecke zu sehen, man kam nicht richtig ran. Mein Amerikaner aber versuchte es hartnäckig, eine Stunde lang, trotz meiner sanften Gegenwehr.

Ich hab's gesehen.

Nun gut, ich weiss, dies alles wäre einmal zu beschreiben. Ich mag im Augenblick nicht – ich begnüge mich mit der Aufzählung von Namen. Mir scheint dies für das Thema Amerika auch passender als Beschreibung.

Dann Hollywood Boulevard – auf dem Trottoir sind Metallsterne eingelassen mit all den Namen, die man kennt, keiner fehlt, alle grossen Stars, und ich bin mit gesenktem Kopf eine Stunde gelaufen und habe die Namen gelesen, wie man es auf Friedhöfen tut, und ich freute mich, dass ich fast alle kannte. Vom Boulevard im übrigen gar nichts gesehen. Aber ich habe mir sagen lassen, dass es im übrigen auch nichts zu sehen gebe, ausser dem China-Theater, ein ehemaliges Premierenkino – Sie haben alle davon gehört –, das ist das Kino, vor dem die Fussabdrücke und Handabdrücke der Stars verewigt sind.

Versuchen Sie das einmal, Ihre Hände und Füsse im nassen Sand abzudrücken. Sie werden beleidigt sein, weil Ihre Abdrücke sehr klein erscheinen. Und es ist sehr traurig, die ganz kleinen Handabdrücke der Männer mit den harten Fäusten hier zu sehen – Gräber, Gräber, Gräber.

Ich habe gar nicht gewusst, dass ich meinen Wunsch, der mir

nie bekannt war, noch nicht bewältigt hatte, den dummen, kindischen Wunsch, Filmstar zu werden, ich habe ihn dort vor dem China-Theater still begraben.

Ich bin im Kino aufgewachsen, und das Kino kam aus Amerika. Ohne Englisch zu können, bin ich vielleicht – wenn auch sehr sehr ungern – mehr Amerikaner als Schweizer.

Nun seh' ich am Fernsehen – 200-Jahr-Feier – zum x-ten Mal Abraham Lincoln, Sohn eines Pioniers, ein Farmer vom Pech verfolgt, Viehseuche und Frau gestorben und neu angefangen, zusammen mit seinem Sohn Abraham usw.

Ich sah ihn, diesen Abraham Lincoln als Henry Fonda oder umgekehrt – das spielt keine Rolle, wer wessen Rolle spielt –, nicht nur ein erfolgreicher Mann zum Schluss, sondern auch ein edler und jedenfalls kein Langweiler wie du und ich und wir alle.

Nicht einer, der morgens zur Arbeit geht und mittags zurückkommt und nachmittags zur Arbeit geht und abends zurückkommt und sich Sorgen macht um Dinge, die nicht Geschichte werden, und wenn es hochkommt, abends an der Sitzung der Wasserkommission teilnimmt, ohne Begeisterung, aber weil es sein muss.

Nicht so einer, sondern ein armer Bub, der sich durchgeschlagen hat und der zum Schluss ein richtiges Leben hinterliess – Hut ab.

Alle Hochachtung vor ihm, ich wüsste nichts gegen ihn einzuwenden, der war wohl schon recht – ich weiss nicht, warum ich ihn einfach nicht mag. (Immerhin auch hier dieses Würgen im Hals – für Fonda oder Lincoln? –, das mich so ärgert.)

A. M. getroffen – gegen siebzig, Tessiner, Maler (Anstreicher), Sozialist –, er hat verfolgte Italiener während des Kriegs hier versteckt, nicht vor den Italienern, sondern vor unserer Behörde, einer davon soll später wieder Togliatti geheissen haben, er hat damals unter dem Schutze vom M.

hier in der Gegend mit seinem Zentralkomitee getagt. Man erzählt sich das von A. M., und es ist eigentlich kaum zu glauben, denn M. sieht einfach so aus wie einer, der gern lebt. Er kocht gern, isst gern, sieht so aus, wie man sich einen bocciaspielenden Tessiner vorstellt. Nach dem Krieg wollte ihn eine grosse italienische Stadt mit kommunistischer Mehrheit zum Bürgermeister machen. Er lehnte ab, vielleicht weil er Schweizer ist, durch und durch, vielleicht, weil es nicht zu ihm passte – es passt nicht zu ihm.

Das erzählt man sich von A. M. Er selbst erzählt nichts, und wenn man ihn fragt nach diesen Sachen, dann sagt er nur: »Ja das war so«, oder: »Nein, das war nicht so.«

Ich fragte ihn, ob es wahr sei, dass er im spanischen Bürgerkrieg war. Er sagt: »Nur zwei Tage, dann wurde ich verletzt.« Mit den zwei Tagen meint er wohl zwei Tage Einsatz, nur das zählt und nicht Lebensgeschichte, nicht Herkunft und nicht Heldentum.

Ich mache jede Wette, dass auch er einen armen Vater und eine harte Jugend vorzuweisen hätte. Einen Film darüber zu machen wäre lächerlich – Henry Fonda könnte ihn ohnehin nicht spielen, und es fiele mir keiner ein, der es tun könnte.

A. M. ist zwar auch kein Langweiler wie du und ich, aber er macht es uns nicht zum Vorwurf, das heisst, er will sich nicht zum Vorbild machen lassen. Das Vaterland hat ihn nicht nötig, aber wir. Er kocht gut und ist ein froher Mensch, und er lebt nicht ungern.

Ja, natürlich, ich beneide ihn. Auch ich möchte so etwas wie ein Leben hinterlassen (nicht einen Namen oder ein Werk – ein Leben, das ist was anderes).

Eigentlich müsste ich auch was gegen A. M. haben, eigentlich ist auch er einer von denen, die mir Wünsche, romantische Wünsche aufzwingen.

Jedenfalls ist es das, was ich Abraham Lincoln übelnehme, dass er mir die Vorstellung aufzwingt, dieses Leben erfolgreich bestehen zu müssen – wenn nicht Lincoln selbst, dann zumindest macht mir Henry Fonda als Lincoln diesen Eindruck, soll ich ihm, dem Fonda, böse sein? Ich bin es nicht.

Aber wie auch immer, im Grunde genommen sind es die Vorbilder, die jene unglücklich machen, die eben ein Leben leben, wie Menschen das in der Regel zu tun haben – am Morgen aufstehen und am Abend zu Bett gehen –, Leben ist auch als reine Präsenz eine Leistung.

Davon jedenfalls habe ich weder von Abraham Lincoln noch von Henry Fonda gehört, dass sie am Morgen aufstehen und am Abend zu Bett gehen.

A. M. ist zwar auch eine Ausnahme, aber bei ihm bin ich sicher, dass er es tut.

Und wir Langweiler tun das auch, und das – darauf beharre ich – ist auch etwas.

In deinem Kino, Amerika, bin ich zur Schule gegangen. Du hast die Maßstäbe dafür gesetzt, was mich in der Kehle zu würgen hat. Mein Kopf wehrt sich zwar dagegen, aber das Würgen bleibt. Dein Abraham Lincoln und dein Henry Fonda erschüttern mich so sehr wie dich, das nehme ich dir übel.

Und auch, dass du mir aufzwingst, dass ich meinen A. M. mit deinem Abraham L. vergleichen muss, und auch, dass du mir verschwiegen hast, dass die meisten Menschen abends zu Bett gehn und morgens aufstehn. 24. 7. 76

Besinn dich, mein Sohn

Das ist ein Tag der Besinnung, und man ruft zur Besinnung auf.

Vorstellbar – ich weiss nichts Genaues – dass ein Indianerhäuptling seine Leute zur Meditation auffordert, vorstellbar unter der Bedingung, dass seine Leute die Kunst der Meditation beherrschen – allerdings nicht vorstellbar, dass es nötig ist, sie aufzufordern, wenn sie diese Kunst wirklich beherrschen.

Nein, es geht mir nicht darum, die Festredner zu kritisieren. Ich weiss, wie schwer das ist, wie unnötig eigentlich auch und wie nötig dann wieder, nötig, um den Leuten im Dorf einen Anlass zu geben, auf dem Festplatz zusammenzukommen, den Kindern einen Anlass zu geben, ihre Lampions zu tragen, und auch hoffnungslosen Skeptikern steigt dabei vielleicht doch so etwas wie Erinnerung auf, nicht Erinnerung an Geschichte und Vaterland, sondern Erinnerung an die Kindheit, wo man eben auch so einen Lampion getragen hat und an so einen Lampion geglaubt hat. Es ist wahr, das alles stimmt mich besinnlich. Vielleicht hat er das gemeint, der Redner, wenn er mich zur Besinnung aufgefordert hat – aber mir scheint, Besinnung ist ein falsches Wort für das Gefühl der Besinnlichkeit.

Mein Stilwörter-Duden gibt folgende Anwendungsbeispiele für das Wort Besinnung: die B. verlieren; bei B. sein; (wieder) zur B. kommen; trotz der schweren Verletzungen blieb er bei B.

Das hat er wohl nicht gemeint, der Redner, aber ein weiteres Beispiel für das Wort Besinnung gibt mein Duden nicht her. Ich will mich nicht dumm stellen, natürlich weiss ich, was der Redner damit gemeint hat, dass dies ein Tag der Besinnung sei – er hat mit Besinnung eben Besinnung gemeint, und nur Nörgeler kommen auf die dumme Idee, zu fragen, was das denn sei.

Vielleicht habe ich das mit meinem Sohn auch schon gemacht, ihn zur Besinnung aufgerufen, und sehr wahrscheinlich mit derselben Absicht, in der Hoffnung nämlich, dass er durch Besinnung auf dieselbe Vernunft kommt, die auch ich besitze, dass er nach seiner Besinnung dasselbe glaubt wie ich. Dass er meinen genialen Einfall, sich zu besinnen, nicht gleich in die Tat umsetzt, das ärgert mich dann masslos; denn dass er sich nicht besonnen hat, das wird daraus sichtbar, dass er immer noch nicht dasselbe glaubt wie ich.

Könnte es unter diesen Umständen vielleicht nicht doch recht überheblich sein, seine Mitmenschen zur Besinnung aufzurufen, zu einer Besinnung, von der man zum vornherein weiss, auf was für Resultate sie zu kommen hat?

Zudem, es gibt ja auch noch andere Tage, die für sich beanspruchen, ein Tag der Besinnung zu sein, der Bettag zum Beispiel, aber auch kirchliche Feste, Weihnachten vielleicht. Wie nun soll sich die eine Form der Besinnung von der andern Form unterscheiden? Habe ich mich am Bettag oder an Weihnachten auf etwas spezifisch anderes zu besinnen?

Was ist denn Besinnung überhaupt? Ist das so etwas Ähnliches wie Meditation? Dann müsste ich ganz einfach sagen, ich habe das nicht gelernt. Man verlangt hier etwas von mir, was ich nicht kann. Nicht dass ich annehmen würde, dass derjenige, der das von mir verlangt, es auch könnte, aber ich nehme an, dass derjenige glaubt, er hätte es auch gar nicht nötig, weil er bereits weiss, was bei der Besinnung herauskommen muss.

Wenn ich meinen Sohn zur Besinnung auffordere, dann fordere ich ihn in der Regel zu nichts anderem auf als zum Gehorsam, wenn es hoch kommt, zur Vernunft (und leider ist kaum jemand bereit, unter Vernunft etwas anderes zu verstehen als freiwilligen Gehorsam).

Die Aufforderung zur Besinnung jedenfalls ist sehr magistral, und sie tönt so, als hätten die Magistraten von diesem Staat eine Idee, und wir, das Volk, würden sie daran hindern.

Das nachlassende Interesse am Staat war das Grundthema der diesjährigen Bundesfeierreden. Es wurde in den Zeitungen so kommentiert, als wäre das Thema neu. Genaugenommen ist es das Thema der letzten zwanzig Jahre und wiederholt sich Jahr für Jahr. Dies in einem Land, in dem täglich Tausende von Freiwilligen an erzlangweiligen Kommissionssitzungen über die Geschicke der Gemeinde beraten, nicht etwa weil sie Bundesräte werden möchten und nicht aus Ehrgeiz, vielleicht nicht einmal mit viel Begeisterung, sondern nur weil es halt sein muss und jemand es tun muss, und wenn die Einladung kommt für die nächste Sitzung, ist kaum einer begeistert, und die fromme Seele ahnt hier jedenfalls nichts ausser Arbeit.

Davon hat er nicht gesprochen. Könnte es so sein, dass man sich mehr und mehr vor den politisch Aktiven im Land fürchtet und deshalb den Versuch unternimmt, die Interessierten mit Hilfe der Uninteressierten zu neutralisieren? Denn so unheimlich wenige sind es nicht, die sich am Staat beteiligen, und wenn es vierzig Prozent sind, ist es fast jeder zweite.

Man spricht auch oft von Aufklärung und Information. Tut man das denn wirklich so überzeugt, oder glaubt man nicht da und dort eher, dass Aufklärung eine Gefahr sein könnte? Wenn das so ist, dann ist allerdings Besinnung der harmlose Ersatz dafür, und man bekommt das Gefühl nicht los, dass einem hier ein kompletter, richtiger und guter Staat verkauft werden soll, an dem es nichts zu rütteln gibt, auf den man sich nur noch zu besinnen hat.

Auch ich erkläre gelegentlich im Ärger meinem Sohn, dass er es besser habe als andere Söhne, und auch ich bilde mir ein, das sei ein Geschenk von mir, und er habe als Gegenleistung einsichtig zu sein.

Geschenke haben es leider an sich, dass sie mitunter dem Beschenkten zum Vorwurf gemacht werden. So wie uns ab und zu von Regierenden mit stillem Vorwurf die Demokratie vorgehalten wird, als ob sie uns von der Regierung geschenkt worden wäre.

Wer sich besinnt, wird der Gnade würdig.

Immerhin, da waren noch die Lampions der Kinder, die durch den Wald zum Festplatz gingen; diese schönen, roten Kugeln mit dem weissen Kreuz, und die Kinder, die einen Hauch von Besonderem verspürten – das macht mich schon besinnlich, ich meine, es erinnert mich. Zudem hat dort der Gemeindeamtmann nicht vom Vaterland gesprochen, sondern ganz einfach von der neuen Kanalisation, auf die braucht sich niemand zu besinnen, die muss man haben, und jene, die sie machen in den Kommissionen, die sassen auch da und ihnen wurde gedankt. 14. 8. 76

Meinem Kollegen – ohne Ironie –
zum Fünfzigsten

Noldi ist ein Schriftsteller.

Ein kleines, dickes Männchen mit gerötetem Gesicht, Fabrikarbeiter, gegenwärtig ohne Arbeit, er ist krank, muss nächstens ins Spital zu einer Operation, ein Nabelbruch, und er
fürchtet sich sehr, denn nächstens wird er fünfzig, und er
sagt, er möchte noch fünfzig werden, noch seinen fünfzigsten Geburtstag feiern.

Noldi ist sehr stolz darauf, dass er fünfzig wird. Er hält
fünfzig für eine sehr hohe Zahl und fünfzig Jahre für ein
ansehnliches Alter. Schon vor zwei Jahren sagte er, dass er in
zwei Jahren fünfzig werde. Es fällt mir schwer, ihm mitzuteilen, dass man ihm sein Alter nicht ansehe – man sieht es
ihm schwer an und schätzt ihn älter –, ich klopfe ihm auf die
Schulter und sage: »Noldi, prima«, oder so etwas.

Sein fünfzigster Geburtstag wird daraus bestehen, dass er auf
seinen kurzen Säbelbeinen durch die Stadt geht und jedem
sagt, dass er Geburtstag habe, dass der Wirt ihm einen
Zweier schenkt und dass er darauf bestehen wird, noch einen
Halben bezahlen zu dürfen. Und er wird auch weinerlich
werden, und er wird auch sagen, wer hätte das gedacht, dass
der Noldi fünfzig wird.

Er spricht sehr undeutlich und nasal, und man muss seinen
Satz einmal laut gehört haben, um ihn zu entziffern, wenn er
ihn leise vor sich hinspricht: »Und wenn ich gestorben bin,
dann werden alle staunen.«

Ich widerspreche ihm: »Die werden nicht staunen – die
staunen nie.« Wir sind Kollegen, wir verstehen uns und uns
versteht man nicht. Wir trinken noch ein Bier.

»Wer hätte das gedacht, dass ich noch zum Film komme«,
sagt Noldi. Ein Film wurde hier in der Stadt gedreht, und

Noldi war Statist, aber er spielte nicht einfach irgend etwas, sondern einen Journalisten und musste immer aufschreiben. Er weiss auch, wie der hiess, der den Film gemacht hat, Rolf Lyssi. Und in Zürich war er dann auch einmal beim Film, mit Elke Sommer sagt er, und da war er ein Passant und hat fast hundert Franken bekommen, da musste er sogar gehen, und das ist sehr schwer. Aber man hat ihm nicht gesagt, wie der Film heisst, und er hat ihn nicht gesehen. Aber eines Tages, wenn es niemand erwartet, auch er nicht, wird man ihn, Noldi, am Fernsehen vorbeigehen sehen.

Es war nämlich sein Wunsch, zur Liebhaberbühne zu gehen. Aber die Mutter wollte das nicht. Er weiss sogar noch den Namen von einem Mann in Bern, der Stunden gab – Marc Dosswald –, und er weiss auch, was man da tun musste, sehr sehr deutlich und richtig Hochdeutsch sprechen. Wie ich ihn frage, ob er denn einmal bei ihm gewesen sei, weicht er aus – denn Noldi lügt nicht – und sagt noch einen andern Namen: Ekkehard Kohlund.

So ist er dann Schriftsteller geworden.

»Ich weiss, was du tust«, hat er gesagt, als wir uns zum ersten Mal in einer Beiz trafen, »du beobachtet, das tu ich nämlich auch, und meistens schreibe ich es auch in ein kleines Notizbuch, das habe ich heute nicht mit, aber das macht nichts. Ich habe alles in meinem Kopf.«

»Nein, ich beobachte nicht«, habe ich gesagt, »ich trinke mein Bier.« Das nützte nichts – ertappt vom Kollegen, inzwischen Verschworene, die voneinander wissen, dass sie nicht einfach Bier trinken wie die andern, sondern dass sie beobachten.

Das hat er alles von seinem Lehrer, sagt er. Ich kannte ihn, diesen Lehrer, selbst ein Schriftsteller, ein Mundartautor. Jener scheint es versucht zu haben, seinen Schülern Respekt vor Schriftstellern beizubringen. Einer unter Hunderten scheint es begriffen zu haben, der kleine dicke Noldi, schlechter Turner, schlechter Rechner, der kleine dicke, säbelbeinige Noldi, zweithinterste Reihe – der hat es begriffen.

Schriftsteller sind arm – das hat er begriffen –, arm ist er auch. Schriftsteller sind verkannt – das hat er begriffen –, verkannt ist er auch. Und Schriftsteller leben anders – auch das hat er begriffen –, er lebt auch anders.

Es bleibt ihm, dem Noldi, nichts anderes übrig, als Schriftsteller zu werden, wenn er etwas werden will. Nun ist er es.

Und seine Geschichten unterscheiden sich wenig oder nicht von den Geschichten der Schriftsteller. Da gibt es seine Geschichte vom verlorenen Manuskript. Er zeigt es an mit der Spanne zwischen Zeigefinger und Daumen – vierhundert Seiten schätze ich, ein fertiges Manuskript. Und dann kamen Ferienkinder, und die haben das Ganze mit Farbstiften vollgekritzelt, erzählt er. Er war mal verheiratet, aber davon erzählt er nicht, und es ist auch unvorstellbar.

Und dann die Geschichte: Nach meiner Operation schreibe ich, nach meinem Geburtstag schreibe ich, und immer wieder die Geschichte von den Ferienkindern, die alles vollgekritzelt haben, und ein trotziges Aufbäumen dazu: »Ich habe alles, Wort für Wort, in meinem Kopf und werde es – morgen, übermorgen, nach meinem Geburtstag, nach meiner Operation – wieder schreiben.«

Ich versuche ihn zu überreden, es bereits heute zu tun, nicht aus Freundschaft, sondern aus Bösartigkeit, denn ich weiss, dass er das von sich weisen wird, und er tut es.

Dann, nach einem weitern Bier, sagt er: »Doch, heute werde ich beginnen, ich spür's.« Und ich sage: »Noldi, was wollen wir wetten, du tust es nicht.« Wir sind Kollegen.

Und ich habe ihn im Verdacht, dass er noch nie etwas geschrieben hat.

Er werde es tun, er werde es tun, er werde es tun, sagt er.

Und gestern hat er mir den Titel verraten. Vor einer halben Stunde war er ihm eingefallen: »Dr verlornig Bode.«

»Das ist gar nicht so leicht, Schriftsteller zu sein«, haben wir festgestellt.

Noldi sagt: »Mundart schreiben, das ist sehr schwer.« »Ich könnte es nicht«, sage ich.

Und vielleicht werden die Leute staunen.

Und eines hat er mir voraus, er schreibt nicht über mich, und er bringt mich nicht in den Verdacht der Lächerlichkeit.

Noldi ist ein Schriftsteller – Schriftsteller haben es nicht leicht. Aber davon hat ihm schon sein Lehrer erzählt, und Noldi hat es ohnehin nicht leicht, also möchte er es zum mindesten sinnvoll nicht leicht haben. Noldi ist ein Schriftsteller.   4. 9. 76

Natürlich ist er auch ein armer Hund

Wir hatten uns in einem Restaurant verabredet. Dort sollte das Geld überreicht werden. Dreissig Franken waren diesmal ausgemacht, ein hoher Preis – so hoch war er noch nie gegangen. Ich hatte mir auch vorgenommen, diesmal zu markten, ich dachte an einen Rabatt von zehn Franken. Die Zwanzigernote steckte ich in die Brusttasche meiner Jacke – einmal mehr gefaltet als üblich –, um sie ihm unauffällig in die Hand drücken zu können und dabei zu sagen, dass ich leider nicht mehr hätte.

Schon das ärgert mich, dass ich ihn dauernd anlügen muss. Ich wartete eine Stunde lang in einem Restaurant, in dem ich sonst selten bin, und ich hatte den Eindruck, dass mein Warten unangenehm auffiel. (Warum tut es das eigentlich?)

Er kam nicht.

Ich nahm meine Zwanzigernote aus der Jackentasche, steckte sie zurück in mein Portemonnaie und ging. Ich war echt beleidigt.

Nun, im Grunde genommen war es meine Schuld. Der Handel war schon am Vorabend abgeschlossen worden. Ich hätte das Geld auch schon am Vorabend mitgehabt, aber ich gab ihm nur zehn und sagte, dass er morgen vormittag noch mal dreissig bekomme. Irgendwie machte mir das Geschäft in Raten Spass. Oder ich wollte ihm beweisen, dass ich auch als Kunde eine gewisse Macht habe.

Was er verkauft? – Ich weiss es nicht. Wäre ich sein einziger Kunde, die Frage würde mich nicht stören. Aber er hat neben vielen Gelegenheitskunden eine eigentliche Stammkundschaft. Es können ja wirklich nicht alle so blöd sein, dass die einfach für nichts ihr Geld weggeben.

Ich fürchte mich auch vor ihm. Eine Begegnung mit ihm kostet etwas – kein angenehmer Mensch.

Aber gut, er hat es schwer gehabt, damit macht er sein Geschäft. Ein seltener Fall, einer, der Lebenserfahrung zu Geld macht – miese Lebenserfahrung zu miesem Geld, auf miese Art zudem.

Ich bin sein bester Freund, ich bin der einzige, der ihn versteht, der einzige, der ihn nicht im Stich läßt, für mich würde er durchs Feuer gehen, würde mir jemand was tun, er würde ihn umbringen, und wenn er dafür ins Zuchthaus müsste, wären alle Leute so gut wie ich, dann wäre auch aus ihm etwas geworden (»Die Menschen haben mich so gemacht«), er sagt, dass er mein Freund sei und ich ein guter Mensch, und das lässt er sich bezahlen.

Alfons ist ein Ausbeuter, es bleibt ihm – wie andern Ausbeutern – nichts anderes übrig, als ein freundlicher Mensch zu sein: »You have a friend by Chase Manhattan«, heisst der Werbeslogan einer Bank in Amerika; seit ich Alfons kenne, hat der Slogan für mich seinen Sinn.

Alfons ist aber auch ein Kleinkrimineller, ein Mischler, mit einer Biographie auch, Verdingbub, verprügelt und Kinderheim und grosse Liebschaft und kleiner Einbruch und einmal im Gefängnis und dann wieder und Fremdenlegion und eine Schlägerei – ich kaufe mir auch ein wenig Räuberromantik damit ein und ein bisschen Welt oder Halbwelt. Werbetechnisch liegt Alfons richtig, ein Ausbeuter mit Format.

Die Ware, die er verkauft, heisst miese Freundschaft. Mein Freund war Legionär, war im Gefängnis, ist ein Einbrecher, ein Vagant.

Natürlich ist er auch ein armer Hund. Er wird darauf beharren – und das mit Recht –, dass er es nicht leicht hat. Geschunden, geschlagen, von Staatsanwälten gedemütigt, von Pflichtverteidigern mit Formeln verteidigt. Von ihnen hat er auch gehört, dass er nicht so sei, sondern so gemacht worden sei.

Er sagt mir – und was er mir sagt, sagt er allen Kunden –,

dass, wenn alle so wären wie ich, die Welt gut wäre, aber sie sei es nicht, und er müsse sich auch wehren. Er hält sich selbst für schlecht, schämt sich und beklagt es, und er wird sehr schnell zum Aufschneider, wenn man ihn über Geld oder Frauen befragt.

Er mag Künstler, hat die Schriftsteller D. und F. im Gefängnis gelesen. Ich glaube es ihm nicht recht, aber auch in diesem Stück hält er es wie die etablierten Ausbeuter, er kennt die Namen und die Titel und auch jeweils, was der andere darüber hören möchte.

Er kennt die Sätze dieser Welt, und er ist sensibilisiert auf Ausbeutung. Sogar in den Beträgen differenziert er. In der Regel kostet seine Freundschaft fünf Franken, er macht es aber auch billiger. Er trifft den Betrag jedes Mal genau, den der andere gewillt ist, zu bezahlen. (Er kennt die Grenzen der Preiselastizität.)

Man kann ihn beschimpfen für Geld. Du warst immer gut zu mir, du darfst mir sagen, was du willst, jeden andern würde ich verprügeln. Selbstverständlich ist er so wenig wie der Herr Verwaltungsratspräsident ein freier Mensch. Er weiss, wie schwer das ist, korrupt sein zu müssen.

Diese Korruptheit rechnet er sich hoch an. Das ist seine Leistung, dass er seinen ganzen Charakter einsetzt in seinen Erwerb, arbeitsscheu wohl schon, aber trotzdem verdient er sein Geld – es ist nach meiner Schätzung gar nicht so wenig – mit sehr viel persönlichem Einsatz. Und er weiss auch, dass er sein Geld nur verdient, weil es eine arbeitende Bevölkerung gibt. Die Krise trifft auch ihn.

Sein Verdienst ist nicht eigentlich gesetzeswidrig. Niemand kann jemandem verbieten, fünf Franken geschenkt zu bekommen, aber die Gesetzeswidrigkeiten sind sein Kapital, dass er »anders ist als alle andern« (auch dies ein Werbeslogan), das bringt ihm sein Geld ein.

Er macht die Sehnsüchte der Menschen zu seinem Geschäft.

Die Frage ist berechtigt: »Wo kämen wir hin, wenn das alle tun würden?«

Aber auch diese Frage trifft für alle Ausbeuter zu. Die Ausbeuter sind immer eine Minderheit.

Und im übrigen, von mir kriegt er sein Geld weiterhin, denn ich möchte, dass Ausbeuter wenigstens so aussehen, wie sie sind. Ich bezahle seine miese Freundschaft. 2. 10. 76

Im Grunde genommen

Wenn einer sagt: »Er ist im Grunde genommen nicht so«, dann meint er immer, dass er im Grunde genommen besser sei. Wir alle sind im Grunde genommen nicht so, und selbstverständlich auch ich.

Ich nehme an, dass der Satz älter ist als die Theorien Freuds über den Grund der Seele und wohl nicht dazu gedacht, ernst genommen zu werden.

Aber was wären wir, wenn wir das wären, was wir im Grunde genommen sind? Leute, die sich beobachtet fühlen, die gehen so, als würde ihnen dieses Gehen nicht gehören, als wäre es etwas ausserhalb von ihnen. Die Schwierigkeit, durch ein Restaurant zu gehen, in dem jemand sitzt, gegenüber dem man ein schlechtes Gewissen hat; der Rekrut, der zum Passgänger wird, weil ihm Gehen bewusst gemacht werden soll: »Armschwingen – Grüssen – Armschwingen.«

Gut, da fällt auf, dass wir anders gehen, als wir im Grunde genommen sind. Nur, wie sollten wir Gehen und Sein in Übereinstimmung bringen?

Im Westernfilm fällt mir das Gehen auf, ich meine die Übereinstimmung von Gehen und Sein – die Arme leicht angewinkelt auf Hüfthöhe –, es wäre eine Untersuchung wert, wie sehr der Western das Gehen einer Generation beeinflusst hat. Aber auch die, die so gehen, sind im Grunde genommen nicht so.

Eigenartig auch, dass Gehen nur dann selbstverständlich ist, wenn es mühsam wird, auf einer anstrengenden Wanderung etwa beim Aufstieg. Eigenartig, dass selbstverständliches Gehen letztlich nur Gehbehinderten gelingt, da gibt es mit seinem Gang nichts mehr auszudrücken, sondern nur noch etwas zu bewerkstelligen, die Fortbewegung, da geht einer endlich ohne sein Über-Ich.

Es wäre vielleicht einfacher, Gehen zum Beispiel – und nur zum Beispiel – mit Äusserem in Einklang zu bringen als mit Innerem, also einfach die technischen Bedingungen zu akzeptieren, aber wie das bewerkstelligen?

Im Grunde genommen ist er anders, und im Grunde genommen bin ich auch anders. Im Grunde genommen sind wir – wiederum zum Beispiel – schüchtern. (Aber wenn es alle sind, weshalb gibt es dieses Wort überhaupt?)

(Und wie tief ist denn dieser Grund überhaupt anzusetzen? Liegt jede persönliche Schüchternheit in derselben Tiefe?)

Ein Freisinniger sagt mir, dass er im Grunde genommen ein Linker sei.

Ein Spiesser sagt mir, dass er im Grunde genommen ein Revoluzzer sei.

Ein Schläger sagt mir, dass er im Grunde genommen ängstlich sei.

Ein Fussballer sagt mir, dass er im Grunde genommen sensibel sei. (Die Beispiele sind alle wahr. Ich muss das mitteilen, weil das letzte allzu konstruiert tönt und lächerlich wäre, wäre es erfunden.)

Wer hat uns das eigentlich eingeredet, dass wir nicht nur etwas zu sein haben – schon das ist schlimm genug –, sondern dass wir auch »im Grunde genommen« etwas zu sein haben, nämlich etwas Besseres (der Freisinnige ein Linker zum Beispiel).

Etwas ganz anderes: Die Schwierigkeiten bei der Erhaltung der Fassadenästhetik von Altstädten. Da wird bei der Renovation beschlossen, dass jener Erker erst 1881 dazugekommen sei – also wegzufallen habe –, dass der Spitzbogen ursprünglich ein Rundbogen gewesen sei, also zurückgeführt werden müsse. Dass die Fensterbänke, wenn auch alt, nicht aus dem typischen Stein der Gegend, also untypisch seien.

Und letztlich sieht eine biedere Schweizer Kleinstadt aus, als

ob sie im Krieg total zerstört worden wäre und nach irgendeinem alten Stich rekonstruiert. Vorbilder für Altstädte sind
nicht jene, die es noch gibt, sondern jene, die es vor dreissig
Jahren nicht mehr gegeben hat, Dresden, Warschau und so
weiter.

Auch hier die läppische Vorstellung von Natur; das heisst,
welcher Tiefenschicht gestehen wir die Qualität »echt« zu
– ist 1906 echt oder gefälscht?

Auch hier die Vorstellung, dass die Stadt »im Grunde genommen« anders ist – letztlich einigt man sich in der ganzen
Welt auf Mittelalter, nicht etwa auf das echte, so stur ist man
nicht, aber auf eine landläufige Vorstellung von Mittelalter,
und zum Schluss steht da eine Fassadenstadt, die es noch nie
wirklich gab; sie ist letztlich so viel wert wie eine moderne
Wohnsiedlung, die Vorstellung von Mittelalter ist ebenso
steril wie die Vorstellung von einer Moderne – aus der
Vielfalt wird Einfalt.

Nun gut, es stimmt, diese Stadt gab es einmal im Mittelalter,
nur gab es sie damals schon vorher, und es gab sie auch
nachher. Es gab sie also nie rein. Nun wird sie bereinigt auf
das, was sie »im Grunde genommen« ist. Man hat sich
darauf geeinigt, wie tief dieser Grund angesetzt sein soll.

Die Touristen freuen sich, und den Einwohnern bleibt die
Freude, sich darüber zu freuen, dass sich die Touristen
freuen. Man hat die Stadt endgültig sterilisiert, so wird sie
nun bleiben auf ewige Zeiten. Es gibt keinen Grund mehr,
etwas zu verändern, wenn man endlich auf den Grund
gestossen ist.

Im Grunde genommen ist er nicht so, im Grunde genommen
bin ich es auch.

Was wir im Grunde genommen sind, ist unsere schäbige
Hoffnung. Mit Schüchternheit lässt sich auf dieser Welt
zwar wenig erreichen, trotzdem legen wir Wert darauf, es im
»Grunde genommen« zu sein.

Wir müssten uns nur noch – wie das Denkmalpfleger tun – auf die Tiefe des Grundes einigen, und wir wären alle gleich. 23. 10. 76

Schreiben ist nicht ohne Grund schwer

Am Abend nach der Friedenspreisrede von Max Frisch traf ich in der Beiz einen Mann, der mich fragte, ob ich am Morgen um elf Fernsehen geschaut hätte. Da sei nämlich einer gewesen und der hätte es ihnen gesagt. »Wer war das«, fragte ich, »und was hat er wem gesagt?« »Der hiess Fritscher oder Frischknecht oder so, und der hat es ihnen mal so richtig gesagt, und dir hätte das gefallen.«

Ich sagte ihm, dass der Mann Max Frisch heisse und ein Schriftsteller sei und ein Schweizer – das wusste er nicht –, und ich fragte ihn noch einmal nach dem Inhalt der Rede.

»Du, ich kann dir das nicht erzählen – etwas vom Frieden und so – aber ich verstehe das ja auch nicht. Ich weiss nicht, was er gesagt hat, aber der hat es ihnen gesagt.«

Ich verzichtete darauf, erneut zu fragen, wem er das denn gesagt habe, die Frage wäre unfair gewesen, denn ich weiss, was man mit dem unbestimmten »ihnen« meint, und ich weiss, dass es nicht bestimmbar ist.

Das einzige, was dem Mann auffiel, war, dass jener (Frisch) etwas anderes gesagt hat. Dass er offensichtlich etwas gesagt hat, was jene nicht nur freut. Er hat geahnt, dass einer hier seine Meinung sagt, eine Meinung, die er zwar nicht versteht, aber die ihm lieber ist als jene der andern, die er auch nicht versteht.

Sein Vertrauen zu diesem »Fritscher« freute mich. Es ist nicht ungefährlich, ich weiss. Er hat auch schon Vertrauen zu Schwarzenbach gehabt, den er auch nicht ganz versteht. Er hat, wo auch immer, Vertrauen zur anderen Meinung. Vielleicht deshalb, weil er schlechte Erfahrungen mit der Meinung, die es gibt, gemacht hat – auch sie kennt er nicht eigentlich; um so mehr empfindet er sich als ihr Opfer.

Was mich überrascht, ist, dass er die Rede von Frisch in ihrer

Haltung erkennen konnte, ohne ihren Inhalt zu verstehen. Dies bei einer sehr kühl und ohne Rhetorik vorgetragenen Rede. Ungewohnt, mit Verbalem umzugehen, hat er sich offensichtlich andere Beurteilungskriterien gebildet. Er weiss, dass er – der zu wenige Wörter versteht – diese Welt nicht machen wird. Nun vertraut er auf den Widerstand gegen jene, die die Wörter besitzen. Er ist sensibilisiert auf Widerstand – das ist ab und zu eine Hoffnung und weit öfter eine Gefahr.

Es gibt die Frage an Schriftsteller und Journalisten: »Warum schreibt keiner so, dass es die Arbeiter wirklich verstehen?« Es gibt die Frage nach einer Arbeiterpresse. Die Frage ist berechtigt, ich will sie nicht wegwischen, aber ich habe Bedenken.

Kürzlich hat mir ein Arbeiter gesagt, dass er den Kollegen X, einen Gewerkschaftsfunktionär, sehr schätze. Der rede sehr gut, aber leider rede er zu einfach. Er beherrsche die Sprache der Studierten nicht. Und so nütze es nichts, weil ihn nur die Arbeiter verstünden und nicht jene, denen er seine Sachen beibringen müsse.

Mir fiel das alles ein, nachdem ich kürzlich für einen Mann, ehemaliger Dienstkollege, zwei Briefe geschrieben hatte. Es ging um die Hausordnung einer Wohngenossenschaft, über die er sich ärgerte. Seine Entwürfe für die Briefe waren fast fehlerfrei, und seine Ideen gefielen mir. Aber er fürchtete sich, man könnte ihn nicht ernst nehmen wegen der Orthographiefehler – die Beherrschenden beherrschen eben mehr als nur die Unterdrückten, sie beherrschen auch eine Sprache, sie beherrschen zum Beispiel Grammatik und Orthographie.

Das Wort »Recht« hört der Mensch erstmals im Zusammenhang mit »Rechtschreibung« – der Rotstift des Lehrers relativiert die Gerechtigkeit.

Ich nehme mich nicht aus – auch ich freue mich über Rechtschreibefehler meiner Mitmenschen. Es ist so etwas wie einer, der vom Pferd fällt.

Ich nehme mich nicht aus, auch ich habe gelitten unter der Rechtschreibung und bin dem Lehrer, dem meine Aufsätze trotz der Fehler gefallen haben, heute noch dankbar. Es war nur einer, in der sechsten Klasse, und ihm habe ich geglaubt. Ohne ihn hätte ich den Mut zum Schreiben für immer verloren.

Wir sind zwar stolz darauf – und das mit Recht –, dass bei uns sozusagen jeder lesen und schreiben lernt. Dass es jeder kann, ist bei uns eine Selbstverständlichkeit. Aber in der Schule wird nur Prüfbares gelernt. Also muss man auch die Selbstverständlichkeit des Schreibens prüfbar machen. Zum Schluss werden es wenige sein, die den Mut haben, ihr Können zu benützen. So schafft man sich auf Umwegen die offensichtlich notwendigen Analphabeten.

Am Fremdsprachenunterricht läßt sich dieselbe Sache aufzeigen. Man lernt in der Schule nicht die Sprache, sondern ihre Schwierigkeiten, und dies nicht, weil es vorerst not tut, diese Schwierigkeiten zu kennen, sondern weil sie besser prüfbar sind als die Grundbegriffe. Etwas, das allen gehört – auch ein Wissen, das allen gehört –, gilt in unserer Gesellschaft nichts – also hindert man die einen zum vornherein daran.

Es scheint, dass man das einfacher machen könnte, indem man überhaupt nur den einen Teil schult aber das würde nicht zum selben Erfolg führen.

Wenn man das so tut, wie wir es tun, erreicht man, dass jene, die es nicht können, die Könner entsprechend bestaunen. Sie, die an den Schwierigkeiten gescheitert sind, können ermessen, wie weit sie von jenen entfernt sind, die diese Schwierigkeiten beherrschen.

Die Rechtschreibung ist nichts anderes als ein Repressionsmittel. Ich möchte sie keineswegs in Bausch und Bogen verdammen, warum soll es sie nicht geben, aber sie wird überschätzt, und sie wird nicht für, sondern gegen die

Lernenden eingesetzt. Man hat den Unterschied zwischen Analphabeten und Alphabeten nur etwas nach oben geschoben, aber keineswegs abgeschafft. Auch wenn das nicht absichtlich geschehen ist, hat das seine Gründe.

Nun gibt es Leute, die ernsthaft glauben, das Problem sei die Grossschreibung im Deutschen. Sie müsse abgeschafft werden, und dann sei alles gut. Sie unterschätzen unsere Prüfungsschule, denn wenn man einen Fehler weniger machen kann, dann werden die andern nur um so höher bewertet, der Unterschied wird noch etwas mehr nach oben verschoben. Nicht die Grossschreibung muss man abschaffen, sondern die Rechtschreibung. Ich bin dafür, dass wir sie den Typographen übergeben, den Fachleuten, den Liebhabern. Gut, ich weiss, einen Verlust muss man dabei in Kauf nehmen – von mir aus auch eine Verödung der Kulturlandschaft.

Aber unser Staat hat sich einmal entschieden – mit Gründen und zu Recht –, allen Leuten das Lesen und Schreiben beizubringen. Weshalb hindern wir sie dann mit Kleinlichkeit daran, das Gelernte zu benützen?

Im übrigen – Rechtschreibung gibt es erst, seit die Schrift der »Gefahr« der allgemeinen Benützung ausgesetzt ist. Als erst wenige deutsch schrieben, gab es noch keine verbindliche Rechtschreibung. Das Schreibenkönnen an und für sich war damals elitärer Unterschied genug.

Eigenartig, dass man selbst eine Krankheit im Zusammenhang mit Rechtschreibung – einer Erfindung – bemüht: Legasthenie. Sie sei heilbar, sagt man, aber leider würden nicht alle Kranken erfasst, und es seien viele. Weshalb behandelt man nicht alle wie bei den Pocken?

Die Abschaffung der Rechtschreibung als Selektionsmittel wäre ein weiterer wichtiger Schritt auf dem Weg zur Einführung des Alphabets. Für Konservative vielleicht ein Verlust an ein bisschen Kultur, aber ein Zivilisationsgewinn wäre es bestimmt.

Wir neigen dazu, die Schreibstuben in Analphabetengegenden zu belächeln: der Liebende, der hingeht, um einen Brief schreiben zu lassen für die Geliebte, und die Geliebte, die dann hingeht, um sich diesen Brief vorlesen zu lassen.

Machen wir uns nichts vor, es gibt diese Schreibstuben auch bei uns; ich schreibe hier oft Briefe für Leute – und oft für Leute, die es selbst können, aber den Mut nicht haben dazu. Auch bei uns ist Schreiben nach wie vor ein Privileg, und es wird offensichtlich verteidigt wie andere Privilegien auch.

Pestalozzi – so denke ich – hat sich vom Lehren und Lernen jedenfalls mehr versprochen, und die Politiker, die nicht unschuldig sind daran, haben recht, wenn sie sich über unser dummes Volk beklagen. Aber sie haben nicht nur recht. Sie rechnen auch von Fall zu Fall damit. Das eine Mal hoffen sie, dass die Leute die Schrift beherrschen, das andere Mal hofft man auf Analphabetismus. Zwei Dinge auf einen Schlag, das hat man jedenfalls erreicht – und wo käme man hin, wenn jeder auf Schriftliches schriftlich reagieren könnte.

Im übrigen, ich meine nicht Rechtschreibung, ich versuchte es nur daran zu erklären, ich meine Sprache.   20. 11. 76

1930 war in Thüringen zum erstenmal ein Nationalsozialist Minister geworden. Er hiess Wilhelm Frick, bekam das Ministerium für Inneres und für Volksbildung und verbot gleich nach Amtsantritt drei Zeitungen, von denen er sich persönlich beleidigt fühlte. Dann verbot er auch ein Theaterstück, »Frauen in Not § 218«.

Das überrascht uns nicht – so viel haben wir aus der Geschichte gelernt. So etwas soll weder dort noch hier je wieder geschehen, unverständlich, dass so etwas geschehen konnte.

Nun, es ist nicht geschehen, nämlich weil es damals schon nicht geschehen konnte. Es gab schon damals ein Recht und eine Gerechtigkeit und eine Gewaltentrennung, die solches nicht zuliessen.

Die Zeitungsverbote wurden vom Reichsgericht aufgehoben, das Theaterverbot ebenso vom Thüringischen Oberverwaltungsgericht. Die antifaschistischen Kräfte in Deutschland konnten zufrieden sein. Ihr Rechtsstaat war unbeugsam. Es war also 1930 in Deutschland so gut bestellt mit dem Rechtsstaat wie heute bei uns – und vielleicht noch besser: denn wegen dieser Vorgänge wurde Frick schon nach einjähriger Amtszeit durch einen Misstrauensantrag des Landtages zum Rücktritt gezwungen. (Ob wir heute und bei uns so weit gehen könnten und würden?)

Das Ereignis blieb damals in Deutschland fast unbeachtet. So fest war das Vertrauen ins Recht und so offensichtlich das Unrecht des Ministers.

Am 18. Februar 1933 wurde das Gesetz über die Presse- und Meinungsfreiheit ganz ausser Kraft gesetzt.

Es ekelt mich an, Parallelen zu ziehen, es ekelt mich richtig an. Ich möchte, dass es nicht nötig wäre und dass es jedem selbst auffällt.

Nur eins: Im November 1976 findet es ein Journalist in unserem Land nötig, für eine Woche in den Untergrund zu gehen und Dokumente zu sichten und zu kopieren, bevor er sie dem zuständigen Untersuchungsrichter übergibt. Er befürchtet offensichtlich, dass diese Dokumente in unserem Staatsapparat verschwinden könnten – aus Geheimhaltungsgründen, aus Staatsräson, aus persönlichen Gründen, weshalb auch immer.

Das ist betrüblich, und es wäre schön, wenn man sagen könnte, die Haltung des Journalisten sei betrüblich, sein Misstrauen in die Justiz sei unberechtigt.

Ich habe in den letzten Tagen die verschiedensten Leute befragt, ob sie es richtig fänden, dass der Journalist mit seinen Dokumenten vorerst in den Untergrund gegangen sei, ich habe bürgerliche und sehr konservative Politiker gefragt – keiner hat die Frage verneint. Alle fanden das Verhalten des Journalisten nicht nur richtig, sondern auch nötig.

So weit sind wir bereits, dass Misstrauen gegen unsere Justiz berechtigt ist. Dies aus dem einzigen Grunde, weil es so etwas wie Staatsräson gibt und weil Staatsräson immer etwas Geheimes ist.

So geht letztlich nicht nur der Journalist in den Untergrund, sondern auch der Staat. Man beginnt sich zu verschanzen wie Feinde, und selbstverständlich hat niemand mit niemandem etwas zu tun.

Wer amtlichen Stellen dazu Fragen stellt, bekommt Antworten wie aus Geheimdienstzentralen: »Kein Kommentar« – »Keine Kontakte« – »Keine Dokumente« – »Niemand kennt den Herrn, es sei denn privat.«

Offensichtlich wird einzelnen Herren das Recht ungeheuer, weil es ihnen nicht dient – und das Recht soll dienen, meinen sie, und das meinen sie mit Recht, aber es soll der Sache dienen.

Was für einer Sache denn? Was für eine Sache?

Eine Sache jedenfalls, die ihnen mehr wert ist als das Recht. Eine Sache jedenfalls, über die man nicht spricht, eine geheime Sache.

Aber was daraus auch immer wird. Wir werden unschuldig sein. Und wir werden uns Gedanken darüber zu machen haben, wie das alles geworden ist, und es wird wieder werden.

Nicht nur der Journalist hat wenig Vertrauen zum Staat – auch Cincera fand es nötig, in den Untergrund zu gehen – nur dort sind Kontakte zum Staat noch möglich, weil er sich selbst bereits in den Untergrund begeben hat.

Ich fürchte, der Staat schleicht uns auf leisen Sohlen davon und gräbt sich ein.

Er wird – daran ist nicht zu zweifeln – überleben. Das ist schön und wird dann auch wieder einmal eine Hoffnung sein.

Vielleicht braucht man dann einen Sündenbock und findet einen Herrn. Den werde ich verteidigen. Denn, das sei heute schon gesagt, so einfach war das damals nicht.

Vorläufig ist unsere Hoffnung nicht grösser als jene von Thüringen und Deutschland im Jahr 1930. Das war eine grosse Hoffnung. Ob sie diesmal hält?　　11. 12. 76

Zur Gedankenmarktlage

Morgens um sieben im Restaurant beim Kaffee haben die Gewerbler eine Neigung zur Philosophie. Ich weiss nicht weshalb.

Aber sie versuchen wohl, den Tag mit Leben zu beginnen und nicht mit Arbeit, sie leisten sich den Luxus, vorerst einmal eine Stunde zu vertrödeln und Ärger und Arbeit vor sich hinzuschieben.

Was morgens um sieben im Restaurant gesagt wird, ist auf Einverständnis angelegt, nicht auf Diskussion oder gar Konfrontation. Wird das Einverständnis nicht auf Anhieb erreicht, dann wird das Thema gewechselt, und es kommt auch vor, dass man sich für Themen entschuldigt, die nicht konsensgeeignet waren. Man hat dann sozusagen die Gedankenmarktlage falsch eingeschätzt und legt seinen Gedanken ans Lager, bis er marktkonform wird.

Es ist nicht nur hässlich und öd, was hier erzählt wird, es gibt Töne von Menschlichkeit, von sozialem Verständnis, hie und da sogar ein konjunktivisches Bekenntnis zur Fortschrittlichkeit: »Eigentlich müsste man ja vielleicht unter Umständen schon, aber . . .«

Fragen werden hier keine gestellt, es sei denn rhetorische. »Ist es nicht so?« – und die Frage kommt so sicher wie die Frage des Pfarrers bei der Hochzeit, es ist die Frage nach dem Ja, ein Nein würde gar nicht gehört, und das Ja ist eigentlich nicht nötig.

»Do het doch eine . . .« ist hier eine beliebte Einleitung, zum Beispiel: »Da hatte doch einer, den ich anstellen wollte, die Frechheit, soundsoviel Stundenlohn zu fordern.« – »So kommen wir in die Krise«, sagt der andere, »das ist nur, weil die Leute in der Hochkonjunktur verwöhnt wurden, das einzige, was jetzt hilft, ist, von vorn anfangen.«

»Da hat doch einer (do het doch eine) herausgefunden – ein Deutscher, und ich habe das gelesen – herausgefunden – ein Astronom, dass die Uhr eine Sekunde vorgeht, das hat der herausgefunden, ein ganz gescheiter Kerl, aber das kann doch nicht so weitergehen – was man alles herausfindet.«

»Da haben doch (do hei doch) zwei Amerikaner herausgefunden – alles berechnet –, dass der Einstein recht hatte, dass die Theorie stimmt – zwei Amerikaner.«

»Und Kalifornien wird wegzentrifugiert, weil die Erde eine ungleichgewichtige Kugel ist, und dann schleudert sie so, und Kalifornien fliegt weg, irgendwohin in den Weltraum mitsamt den Menschen – gelesen, schwarz auf weiss, und die Erdbeben und die Stürme und die Kälteeinbrüche, die kommen auch nicht einfach von nichts, und die ganze Elektronik, das hat mit dem Atom zu tun – und den Leuten geht es zu gut.«

»Ganz von vorn anfangen. Sie werden lernen müssen, ganz von vorn anzufangen. Ich habe auch ganz von unten angefangen, ich kann auch nicht hingehen und am fünfundzwanzigsten meinen Lohn holen – ich sage, ganz von vorn anfangen.«

»Und dann die ganze Elektronik, und das hat ja alles mit Atom zu tun, und unvernünftig sind die Menschen und anspruchsvoll, und den Menschen geschieht es recht, wenn . . .«

Und die Menschen – das fällt mir auf –, das sind die andern, die grosse Masse, jene, die sich nicht angestrengt haben, nichts geworden sind, jene die Ende Monat den Lohn holen, das sind die Menschen.

Und dann kommt die Formel vom Krieg: »Es wird Krieg geben, selbstverständlich wird es Krieg geben – so kann es ja nicht weitergehen.« Dass es anders weitergeht, das wollen sie ohnehin nicht, entweder so oder Krieg, also wird es Krieg geben.

Ich wende ein, dass es doch richtig wäre, ebendiesen Krieg zu verhindern. Darauf bekomme ich die Antwort: »Dann müssen Sie die Menschen ändern.« Der Begriff »Kriegsverhinderung« ist ihnen offensichtlich neu – und sie wissen vom Krieg nur, dass er kommt, weil die Menschen nicht gut sind: die Sintflut, die Katastrophe, und das wegfliegende Kalifornien, und das Atom und die Elektronik und die Sekunde, die einer berechnet hat, und das verrückte Zeug und alles – und eben Krieg, das ist alles eins, halt eben die Katastrophe, und ein mildes Lächeln für einen, der vorschlägt, Katastrophen zu verhindern.

Es sind friedliche Menschen, die zwei, die hier den Krieg für unvermeidlich halten. Sie wären die letzten, würden sie sagen, die dagegen wären, wenn er nicht kommt. Aber eben, man müsste die Menschen ändern. So, wie sie jetzt sind, wird er selbstverständlich sein. Sie reden nicht von Systemen, sondern von Menschen, und es ist nicht der Ort hier – morgens um sieben –, von Systemen zu sprechen.

Sie sind zwanzig, dreissig Jahre älter als ich. Sie gehören zu jenen, die mir gern vorwerfen, ich hätte den Krieg nicht erlebt, den Aktivdienst nicht. Sie haben ihn erlebt, und sie waren, als er zu Ende war, in meinem Alter. Und sie waren sicher froh, dass er zu Ende war. Und sie mögen sich 1945 gesagt haben, dass so etwas nie mehr geschehen dürfe – unter was für Bedingungen auch immer, nie mehr geschehen dürfe.

Man darf die Worte, die hier fallen, nicht auf die Waagschale legen. Sie sind nicht sehr ernst gemeint, und sie kommen recht hilflos daher. Die beiden sprechen von Dingen, mit denen sie sich tagsüber nicht beschäftigen, von Dingen auch, für die sie abends zu müde sind. Sie versuchen, eine halbe Stunde lang, Menschen zu sein, und geben der Neigung zur Philosophie nach.

Ich weiss auch nicht, wie typisch die fast alltägliche Katastropheneuphorie für sie ist. Ich erschrecke nicht einmal, dass das »Wegfliegen« von Kalifornien und ein Krieg für sie dieselben Werte sind.

Ich erschrecke nur darüber, dass der Krieg, der für sie vor dreissig Jahren nie mehr geschehen durfte, jetzt wieder geschehen darf.

Es ist für sie wieder eine Möglichkeit – weiss Gott, keine Hoffnung, aber eine Möglichkeit –, sie halten ihn wieder für zumutbar. Ich weiss, ich übertreibe und tu ihnen unrecht, sie meinen es keineswegs genau so und würden sich nicht auf diese Äusserung verpflichten lassen.

Der Krieg ist ihnen ganz einfach wieder vorstellbarer geworden, und ewig kann ja nicht alles so weitergehen, und irgendeinmal muss man von vorn anfangen.

Vielleicht auch ist es nur das, dass sie lebensmüde geworden sind. Es war doch eigentlich nicht viel, dieses Leben. Für sie und in ihren Augen ist wohl nicht mehr herausgekommen als ein bisschen Weisheit, und mit dieser Weisheit versuchen sie hier, morgens um sieben beim Kaffee, zurechtzukommen.

Krieg ist eben nicht nur legalisierter Mord, es könnte auch legalisierter Selbstmord sein und insofern die Chance, von vorn anzufangen.

Jedenfalls nehmen bei Gesprächen die Kriegsprognosen mehr und mehr zu. Die, die sie aussprechen, sind nicht jene, die einen Krieg machen könnten und ebensowenig verhindern. Aber die Chance, dass man ihn annehmen, akzeptieren könnte, diesen Krieg, nimmt zu. Ein kleines, unbedeutendes Omen, nicht mehr; ein Omen dafür, dass der Krieg bessere Chancen bekommen hat. Der Schrecken vor ihm ist ein bisschen spröder geworden. Ich meine damit nicht Kriegsfreundlichkeit und schon gar nicht Kriegshetze. Ich meine nur, dass man sich mit dem Gedanken anfreundet – nicht nur aus Oberflächlichkeit, sicher auch aus Angst, aber nicht aus Angst vor dem Krieg, sondern aus Angst vor dem Leben –, von vorn anfangen.

Ich halte das, was hier geschieht, morgens um sieben bei Gipfel und Kaffee, für gefährlicher als militärische Übungen, weil es Einübungen sind.

Man übt sich ein hier in die Katastrophe, man gewöhnt sich ein in das, was vor dreissig Jahren für ewig nicht mehr sein durfte. Ich hoffe nicht, dass ich in einigen Jahren an die zwei und ihre Einübung in die Katastrophe zurückdenken muss, denn im übrigen gehören sie zu jenen, die von allem, was sie gesagt haben, sagen, sie hätten es schon immer gesagt.

5. 2. 77

Fast ein Gewerkschaftsführer
(ein Nachruf)

Willy war ein Kerl, wollte ein Kerl sein, wollte auch in der Legion gewesen sein, wollte einer sein, der sich nicht auf die Kappe scheissen lässt, wollte . . . er war es nicht.

Willy war sehr laut und grob und auch sentimental selbstverständlich und arrogant und nicht dumm, nicht so dumm wie die andern. »Mit mir nicht, nein, mit mir nicht«, sagte er. Wollte im Gefängnis gesessen haben, wollte einen halbtot geschlagen haben, wollte im Recht gewesen sein, war es vielleicht, ich weiss es nicht, möglich, dass er es war.

Wollte Freunde gehabt haben, wollte Freunde haben, schlug den Freunden mit seinen Riesenpfoten auf die Schultern, fluchte auf alles, was sich ihm entgegenstellte, und versuchte – gar nicht so erfolglos – gescheite Sachen zu erzählen; wollte auch einer sein, der Bücher liest, einer, der nicht glaubt, wie er sagte, dass Goethe etwas für in die Suppe sei, und ein Buch, das weiss ich genau, das musste er wirklich gelesen haben; ich selbst kenne es nur durch ihn, er erzählte immer wieder davon, und mich dünkt, ich kenne es gut – »Exodus«, Buchclub, Halbleder.

Und er fluchte auf seine Frau, bezeichnete sie als Alte und »liess sich von der nicht alles gefallen«, wollte weglaufen und sagte dann einmal: »Aber weisst du, so jeden Morgen, wenn du aufstehst, den heissen Kaffee auf dem Tisch und die Milch, das ist halt auch schön.« Das vergesse ich nie. Das ist ein schöner und ein grosser und ein guter Satz und ein böser auch. Im Grunde genommen war das sein Satz, und auch diesen hat er gebrüllt.

Und wenn er Geld hatte, schmiss er in der Beiz Runden, und wenn er keines hatte, bettelte er alle an. Und man erzählte sich, dass er ein sehr guter Mechaniker sei, wenn er nüchtern sei. Und einer sagte, ein Jahrgänger von ihm, dass er der Gescheiteste gewesen sei im Schulhaus auf dem Dorf und auch der Stärkste und auch der Gefürchtetste und dass er alle tyrannisiert habe.

Immerhin, ich war ein bisschen stolz auf seine Freundschaft, und ich hatte ihn ein bisschen gern, und es tut mir leid, das er tot ist.

Einmal vor Jahren hat er mit das Versprechen abgenommen, dass ich an seiner Beerdigung sprechen werde – Handschlag in die schwere Pfote. »Und nicht den Quatsch, den die alle sagen, wenn einer abhaut, die Wahrheit, weisst du, die Wahrheit. Sag ihnen, dass ich ein verfluchter Kerl war.« Und er rechnete auch damit, dass ich seine Biographie schreiben werde. Einmal werde er mir das alles erzählen, ganze Bücher könnte man damit füllen.

Nun lese ich in der Zeitung einer kleinen tapferen Partei, deren Mitglieder man sich als sehr jung vorstellt: »W. hat jede Gelegenheit benutzt, die Interessen der Arbeiterklasse wirkungsvoll zu vertreten. Jahrelang hat er im SMUV als aktiver Gewerkschafter gekämpft, sich aber im Gegensatz zur SMUV-Führung nie von der Sozialpartnerschaft verblenden lassen.« Vielleicht ist auch das wahr. W. hat bei mir zwar damals einen andern Nachruf bestellt, aber ich könnte mir vorstellen, dass ihm der in der Parteizeitung letztlich doch auch gefallen hätte.

Und ich könnte mir vorstellen: eine einzige Abzweigung in seinem Leben etwas anders gestellt, und er wäre es vielleicht geworden, ein kräftiger Arbeiterführer mit Pranke, ein Gewerkschaftsführer von einmaligem Format. Nichts hätte gefehlt, Mut, Tapferkeit, Intelligenz, Durchhaltevermögen und heiliges Feuer.

Vor einigen Jahren zog er aus unserer Gegend weg. Ich habe ihn seither nur noch selten gesehen und seit über einem Jahr nicht mehr. Vielleicht ist das, was in seinem Nachruf steht, inzwischen alles wahr geworden. Vielleicht stimmen die

Geschichten nicht, die er erzählt hat, die Geschichte von seinem Umzug zum Beispiel, als er in der andern Stadt an einem Tag über zehn Stellen angenommen habe und sich von jedem einzelnen Arbeitgeber habe tausend Franken Vorschuss geben lassen für die Kosten des Umzugs. Er hat's erzählt, er hat behauptet, er müsse jetzt dafür sitzen. Ich weiss nicht, ich will's nicht nachprüfen; ich neige dazu, anzunehmen, dass es nicht stimmt.

Und einmal, ein einziges Mal vor Jahren, habe ich ihn nüchtern angetroffen, auf dem Jahrmarkt, am Sonntagnachmittag, ein imposanter Bürger in Mantel und Hut: der Gewerkschaftsführer, nicht laut, aber mit sicherer Stimme; und er stellte mich seiner Frau vor: eine kleine, zierliche, nette Frau, ein Mütterchen. Sie fürchtete sich sehr vor mir; Freunde ihres Mannes – und als solcher wurde ich ihr vorgestellt – waren ihr nicht geheuer. Ich war sehr verlegen. Und weil sie sich fürchtete vor mir, drängte sie sich ganz nahe an ihren grossen Mann, und als sie hörte, dass ich Lehrer sei, da sagte sie irgend etwas. Ich habe vergessen, was es war, oder vielleicht habe ich es schon damals nicht verstanden, aber es war irgend etwas Freundliches über ihren Mann. Und sie hat ihn angeschaut, und ich habe gesehen, dass sie ihn liebt.

Nein, Willy, zu dieser Frau hast Du nie »Alte« gesagt, nein, die hast Du nie verprügelt, der hast Du nur Sorgen gemacht, immer wieder Sorgen gemacht, und es hat Dir immer wieder leid getan, und weil es Dir so leid getan hat, warst Du wohl so laut – und am liebsten hättest Du sie auf Deinen grossen Pfoten getragen.

Deine Frau sah nicht verbittert aus und auch nicht vergrämt, nur besorgt, sehr besorgt, und vielleicht ein kleines bisschen traurig.

Du warst, das ist mir damals aufgefallen, ein anderer, als Du erzählt hast – kein Guter, weiss der Teufel kein Guter, aber ein anderer – einer, der von jemandem geliebt wurde.

Das einzige, was ich von Dir wirklich weiss, ist, dass Du gesoffen hast – gottsträflich gesoffen hast. Ich weiss sehr wenig von Dir.

Verzeih mir, dass ich ein wenig gelächelt habe, als ich den Nachruf Deiner jungen und tapferen Parteifreunde gelesen habe. Vielleicht kommt er Dir näher als meiner, und ich bin überzeugt, wenn Du ihn hättest erleben können, Du hättest ihn ausgeschnitten, in Deine Brieftasche gelegt und damit herumplagiert und sehr laut und grob darauf hingewiesen und immer wieder eins darauf getrunken.

Ich habe Deinen Nachruf in meiner Brieftasche und tu es – so gut ich's kann – für Dich.   5. 3. 77

Zum Wegwerfen

Erinnern Sie sich noch an die Mondlandung? Wann war das eigentlich, und wie hiessen die beiden? Gab es zwei solche Landungen oder mehr? Ich hätte ja irgendwo nachschauen können, aber ich habe keine Lust dazu.

Ja, ich war auch die ganze Nacht wach. Auch ich habe mir die Gelegenheit, dabeigewesen zu sein, nicht nehmen wollen. Ich erinnere mich auch, dass es mich wesentlich weniger erschütterte, als ich von mir erwartet hatte. Immerhin, ein Ereignis – aber jetzt weiss ich nicht einmal mehr, wann das war.

Vielleicht werden die Schüler das Datum später einmal lernen. Das Datum der Schlacht bei Morgarten kenn ich zum Beispiel, weil ich's als Schüler gelernt habe – Geschichte ist mir präsenter als Gegenwart.

Ich schätze, es ist sieben oder acht Jahre her – für mich ist das eine kurze Zeit, für einen erwachsenen Zwanzigjährigen liegt das Ereignis bereits weit zurück in seiner Kindheit.

(Nebenbei bemerkt: etwa so weit wie das Jahr 68, als in Europa die Jugend aufbegehrte – wir vergessen das und halten die heutigen Zwanzigjährigen für dieselben Jugendlichen wie jene von 1968 und sind über ihre Entpolitisierung enttäuscht –, dabei ist das, was für uns Gegenwart ist, für sie Geschichte.)

Ich weiss nicht, ob es nur mir so geht oder allen: ich habe das »historische« Ereignis eigentlich vergessen. Das »Dabeigewesensein« ist nicht viel wert. Und ich fühle mich irgendwie betrogen.

Ich erinnere mich, dass mein Vater mir von Lindbergh erzählte. Er war bei diesem Ereignis – der ersten Überfliegung des Atlantiks – nur durch die Zeitung dabei. Mir scheint, dass er mehr dabei gewesen war – ein Informationsproblem? Übersättigung? Ich weiss nicht, ich glaube eigentlich nicht. Ich habe viel eher den Eindruck, dass uns hier etwas verkauft wurde, was wir nicht brauchen können, was uns weder freut noch interessiert. Und mit verkaufen meine ich wörtlich, dass wir es bezahlt haben oder immer noch in Raten abstottern.

Ich bin einer – und das ärgert mich –, der gerne kauft. Es bereitet mir Lust, Dinge zu kaufen. Mitunter versuche ich Traurigkeit zu überwinden durch den Einkauf unnötiger Dinge. Ich halte das für strohdumm, und ich schäme mich. Ich schäme mich so sehr, dass ich mich oft erst tagelang von der dringlichen Notwendigkeit des Gegenstandes überzeugen muss, es mir dann halbwegs glaube und schliesslich eine Digitaluhr besitze mit unzähligen Funktionen, deren eine (Stoppuhr) mir besonders wichtig erscheint, und es bleibt mir jetzt nichts anderes übrig, als öfters weiche Eier zu kochen, denn ein anderer Gebrauch der Stoppuhr fällt mir nicht ein – und ich weiss, sollte ich mich ans Eierkochen gewöhnen, dann werde ich mir doch einen Eierkocher kaufen mit automatischem Timer usw.

Letzte Woche nun endlich bin ich an eine Grenze gestossen, und ich hoffe, das Erlebnis war heilsam. Ich wollte mir – wiederum einfach so – einen Taschenrechner kaufen. Selbstverständlich einen schönen und etwas imposanten, da ich ihn ja als Spielzeug wollte und nicht zum praktischen Gebrauch.

Ich stellte fest, dass das Modell, das ich noch einigermassen hätte bedienen können, bei vierzig Franken liegt und dass alles, was teurer und entsprechend imposanter war, meine mathematischen Kenntnisse übersteigt. Ich erinnere mich zwar, von Sinus und Kosinus und Logarithmen in der Schule gehört zu haben, aber ich habe kein Ahnung mehr davon. Ich habe auf den Kauf verzichtet, die Spielvarianten des Vierzigfränkigen waren mir zu gering, und die Möglichkeiten der teureren begriff ich nicht.

Ich konnte mir endlich etwas nicht kaufen, nicht etwa die Technik hat mich überholt – das hat sie schon längst –, sondern der Markt hat mich überholt.

Bis jetzt konnte ich mit dem, was ich mir finanziell leisten konnte, auch irgendwie etwas anfangen. Das scheint nun aus zu sein.

Ich habe mich zwar bereits daran gewöhnt, dass ich nicht genau weiss, wie mein Auto funktioniert, aber ich kann es bedienen. Einen Jumbojet könnte ich wohl nie bedienen, aber ich kann ihn mir auch nicht kaufen. Hier hat mich nur die Technik überholt und nicht der Markt.

Nun stellte ich mich längere Zeit in einem Kaufhaus an den Stand mit den Taschenrechnern und beobachtete mit Neid und Eifersucht die Käufer. Entweder bin ich wirklich der einzige ohne mathematische Kenntnisse, oder den Käufern ist es wirklich völlig egal, dass der Markt sie überholt hat. Sie konsumieren weiter – lieber zuviel als zuwenig.

Man kann den Leuten Dinge verkaufen, die sie nicht brauchen können. Dass man das kann (muss), wissen Werbeleute seit Jahrzehnten.

Man muss es, weil man ein Wachstum braucht, und ein Wachstum braucht man, um Arbeitsplätze zu schaffen und zu erhalten. Arbeitsplätze braucht man, damit die Leute kaufen können. Unser Lebensstandard hat mitunter mit dem Kauf von unnötigen Dingen zu tun.

Würden nur jene einen guten Taschenrechner kaufen, die ihn bedienen können, dann würden diese viel zu teuer, und dann würden die Produktionskosten auch wieder zu teuer und so – etwa so, ich beharre nicht darauf –, irgendwie so hat man mir das schon erklärt.

Ich muss also die unnötigen Dinge kaufen, damit sie für jene, die damit produzieren, nicht zu teuer werden, sonst werden ihre nötigen Produkte auch wieder zu teuer, und ich müsste dann für die nötigen mehr bezahlen. Eigentlich kann ich mich als Konsument freuen. Ich habe so auf Umwegen für zwei billige Preise zwei Dinge, statt für einen teueren Preis nur ein Ding. Leider kann ich das eine nicht brauchen und werfe es weg.

Ich bitte die Volkswirtschafter unter meinen Lesern um Verzeihung. Es würde mich nicht wundern, wenn ich es nicht begriffen hätte. Ich begreife das nicht.

Ich begreife unter diesen Bedingungen die Sache mit dem Wachstum nicht. Ja, ich weiss, ihr schreibt es alle Tage in den Zeitungen: »Qualitatives Wachstum«, aber wie macht man das und wer?

Und ich habe gelesen, dass in den nächsten zehn Jahren Millionen von Arbeitsplätzen in Europa verlorengehen werden durch die Elektronik. Bedeutet das, dass ich besser weniger Elektronik einkaufe?

Nein, ich habe es selbstverständlich begriffen, ich werde mehr Elektronik einzukaufen haben, meine Nachfrage wird sich nach dem Angebot zu richten haben. So weit haben wir es gebracht.

Ich meine, schliesslich bin ich – der Konsument – an der Rezession schuldig, weil mein Konsum kein Wachstum mehr verträgt und weil die Dinge, die ihr mir verkauft, keinen Spass mehr machen. Selbst wenn ich möchte, ich kann mit euren Dingen nicht mehr spielen.

Markt? Angebot und Nachfrage? Nicht nur die Waren sind zum Wegwerfen, auch die Ereignisse; die Mondlandung zum Beispiel ist bereits weggeworfen.

Der Mark hat nicht nur uns überholt. Er hat sein eigenes Wachstum überholt und läuft ins Leere.

Es sieht so aus, als ob Wachstum nachgeliefert werden müsste. Die Leute, so sagt man, sind skeptisch geworden gegenüber Technik und Fortschritt. Man wirft ihnen vor, sie würden sich so lächerlich machen wie die Gegner der Eisenbahn vor 130 Jahren. Aber vielleicht fürchten sie sich heute doch vor etwas anderem, und vielleicht mit Recht.   2. 4. 77

Die Zeiten haben sich geändert

Was soll sie eigentlich, die nackte Frau auf dem Titel der deutschen Illustrierten? Dumme Frage, ich weiss; aber gerade deshalb noch einmal: Was soll sie eigentlich? Glaubt man dem beigefügten Text, dann soll sie an Jahreszeiten erinnern, an Frühling, an Sommer, aber auch fröstelnd an Herbst und frierend an Winter – auch an Urlaub, an klares Wasser, an schmutziges Wasser, an Essen, an Nicht-Essen usw.

Einige wird es an Sex erinnern, viele an nichts – aber das stimmt wohl nicht, sonst würde kein Anlass bestehen, sie auf den Titel zu setzen.

Die Zeiten jedenfalls, so sagt man, haben sich geändert. Vor dreissig Jahren hatten wir Pfadfinder unser Zelt irgendwo an der Aare aufgeschlagen, und einer fand zwischen den Steinen ein – wie man dem sagte – Magazin. Wenn ich mich recht erinnere, trug es sogar einen stolzen nationalen und patriotischen Titel. Bevor es uns der Führer (so hiess der trotz allem) aus der Hand riss und rigoros vernichtete, konnten wir noch das Titelblatt retten und einen Nachmittag lang vor dem Führer verteidigen, der es sich dann schliesslich doch auch anschaute.

Es muss seine Gründe haben, dass ich mich an das Bild noch ganz genau erinnere und an dessen Vernichtung am späten Nachmittag, die wir lachend und gelassen vollzogen, aber ausgesprochen langsam und genüsslich durch Versengen.

Keiner war bereit, sich in den kompromittierenden Besitz dieses Bildes zu bringen. Es war nicht nur die Angst vor den Eltern, sondern auch die Angst vor Lehrer, Polizei und Erziehungsanstalt – berechtigt oder unberechtigt? Ich könnte mir vorstellen, dass Leute meines Alters ihre Jugend in der Anstalt verbracht haben wegen des Besitzes solcher Bilder. Was sie sich wohl heute denken beim Anblick deutscher

Illustrierten? Dass sich die Zeiten geändert haben? Wohl kaum, denn es ist anzunehmen, dass sie trotzdem unter dem Makel des ehemaligen Zöglings zu leiden haben.

Also jenes Bild, an das ich mich noch mit Gründen erinnere: eine grosse blonde Frau mit aufgestecktem Haar. Sie trug das Oberteil eines Bikinis, sass auf einem Hocker und hielt zwischen ihren abgedrehten Schenkeln einen Spiegel, der einem Betrachter in Wirklichkeit wohl etwas gezeigt hätte. Uns zeigte er nur die Innenseite des anderen Schenkels, und es fehlte verdammt wenig, dann hätte er auch uns mehr gezeigt.

Ein guter Teil jener, die uns für den Besitz dieses Bildes verfolgt hätten, leben noch. Und sie lesen »Quick« und »Stern«, und vielleicht fällt ihnen das Titelbild gar nicht auf; aber haben sie sich geändert?

Die Zeiten haben sich geändert, nur die Zeiten.

Ich bin überzeugt, die Leser jener Illustrierten haben sich nicht geändert. Sie haben die Titelseite akzeptiert, das ist alles – und selbstverständlich haben sie die Titelseite nicht ohne Grund akzeptiert –, so wie auch ich mich nicht ohne Grund erinnere. Selbstverständlich wird sich der Herausgeber erkundigt haben, ob sich eine Zeitung mit diesem Titel auch einem alten Obersten, einem alten Mütterchen oder einem mittleren Sekundarschullehrer verkaufen lässt. (Sie lässt sich.)

Nur, was passiert eigentlich mit den Leuten, die den ernstgemeinten Kampf für die Anständigkeit verloren haben – eine Anständigkeit zwar, die mir kann, wo sie will –, aber immerhin eine ernstgemeinte Anständigkeit? Ich weiss nicht, aber ich könnte mir vorstellen, dass sie verbittert sein müssten oder resigniert oder sich verraten vorkommen müssten, ich weiss nicht. Jedenfalls hat sich für diese Titelseite niemand zu schämen, sie ist die neue Biederkeit, die neue Anständigkeit, und inzwischen hatten der Herr ehemalige Oberst und der Herr mittlere Sekundarschullehrer ganz andere Probleme und ganz andere Schlachten verloren: das Problem mit den Langhaarigen, das Problem mit den Dienstunwilligen, das Problem mit den Sozialismusverhetzungsunwilligen. Inzwischen kann man zum Beispiel mit mittellangen Haaren Karriere machen, was soll's – die Zeiten haben sich geändert, wer sich da nicht mitändert . . .

Aber wer hat sie denn geändert, die Zeiten, weder der Oberst noch der Sekundarschullehrer, die haben sich einfach so und ganz selbst geändert, die Zeiten.

(Und ich entschuldige mich auch, es hat sich einfach so eingespielt, dass man sie Oberst nennt und nicht General oder Leutnant, und Sekundarschullehrer und nicht Professor – das habe auch nicht ich so gemacht, sondern die Zeiten und die wohl auch nicht ohne Grund).

In einer dieser Illustrierten finde ich ein Interview mit General Gehlen: »Was ich den Deutschen noch sagen wollte.« Er wollte den Deutschen noch sagen: »Moskau will ganz Europa unter seinen Einfluss bringen.« Warum soll er unrecht haben, vielleicht muss er es ja wissen, aber er sagt nicht, weshalb er es weiss: Er war in der Nazi-Armee Chef der Abteilung Fremde Heere Ost. Das war damals seine Anständigkeit, jetzt hat er eine neue Anständigkeit gefunden. Und er hat auch eine Illustrierte gefunden, die ihr Geschäft mit der Anständigkeit treibt, die ihr Geschäft damit treibt, dass sie weiss, dass, wer einmal anständig war, immer anständig bleiben wird und sich stets neue Anständigkeiten suchen wird.

Anständigkeit an und für sich, Anständigkeit ohne jeden Inhalt.

Jeder kommt einmal in eine Situation, von der er angenommen hatte, dass er sie nicht ertragen würde, und es ist hart, einsehen zu müssen, dass man sie erträgt. Es ist zum Beispiel beleidigend und erniedrigend, erleben zu müssen, dass man den Tod eines geliebten Menschen erträgt, fast zu leicht erträgt. Es ist erniedrigend, einsehen zu müssen, dass man sich einspielt, eingespielt hat. Man müsste sich dagegen wehren können, man müsste dagegen sein.

Ich wäre zwar gegen jene, die gegen jene Titelblätter wären, aber es wäre doch besser, wenn jene dagegen wären. Es wäre doch gut, wenn Gehlen darauf beharren würde, dass Moskau unter deutschen Einfluss hätte kommen sollen. Es wäre doch gut, wenn er stehengeblieben wäre, und wir hätten eine Welt ganz für uns und ohne ihn.

Wir könnten dann sagen, dass sich die Welt geändert hätte und nicht einfach die Zeiten; diese verdammten Zeiten, in denen wir drinschwimmen wie in einer Sauce, diese verdammte braune Sauce der zufälligen Anständigkeit.

Die Zeiten haben sich geändert – das ist eigentlich das, was sich die Leute unter gesundem Menschenverstand vorstellen. Wenn sich niemand ändert, Herr Gehlen, dann sollen es halt die Zeiten tun – so einfach ist das, und es betrifft nicht nur Sie, sondern uns alle. 30. 4. 77

Wie wacker war Max Meuschke?

Ich habe ein schlechtes Namengedächtnis, und ich muss oft die Namen von Leuten, die ich gut kenne, von weither holen. Um so mehr erstaunt es mich, dass sich mir der Name eines Menschen eingeprägt hat, den ich nie kannte, und es ist anzunehmen, dass Leute, die ihn gekannt haben, inzwischen seinen Namen vergessen haben: Max Meuschke. Ich weiss von ihm nichts anderes als seinen Namen. Ich habe den Namen vor vielen Jahren in einer deutschen Zeitung gelesen, eine Todesanzeige mit schwarzem Rand, drei auf fünf Zentimeter:

»Gestern starb Max Meuschke, er war ein wackrer Mann.« Keine Unterschrift, kein Datum, keine Angabe über die Zeit der Beerdigung, nur dieser eine Satz.

Ich habe mir damals gesagt, dass ich mir auch so eine Todesanzeige wünschen würde. Ich nehme an, dass ich schon damals wusste, dass sie mir nicht zusteht.

Andere Tote waren zum Beispiel »konziliant«, »konziliant« sind sie alle. Max Meuschke war wacker. Ich weiss nicht, woher ich die Überzeugung nehme, dass das nicht gelogen war, denn wacker ist ein sehr deutsches Wort und also auch ein sehr romantisches und also vielleicht auch verlogen.

Ich habe mir jedenfalls gleich vorgestellt, dass Max Meuschke ein Seemann war, jedem Wetter getrotzt, und Holzbein vielleicht und einarmig.

Oder vielleicht ein alter Kommunist, oder ein Entfesslungskünstler auf dem Jahrmarkt, oder – das würde mir leid tun und nicht in meinen Kram passen – ein alter Nationalsozialist, der geehrt wurde von seinen Waffenbrüdern mit einem gut deutschen Wort: »wacker«.

Es fällt mir jedenfalls schwer, darüber nachzudenken, und ich möchte gern den Satz so stehenlassen, wie er dastand: »Gestern

starb Max Meuschke, er war ein wackrer Mann.«
Ich denke an das Lied, das »hochklingt« und das wir aus-
wendig gelernt haben in der Schule. Ich werde unsicher,
wenn ich an das Lied denke. Und jener, der die Todesanzeige verfasste, war jedenfalls ein wenig literarisch verdorben.
Ich hoffe es nicht, aber es ist anzunehmen, dass auch dieser
Nachruf – das tut mir leid – verlogen war.
Immerhin, eines ist sicher, Max Meuschke muss ein armer
Hund gewesen sein. Irgend etwas muss schief gelaufen sein
in seinem Leben, vielleicht das mit dem Holzbein oder mit
dem verlorenen Arm, so etwas wie Armut vielleicht, oder
kranke Frau oder keine Frau oder was weiss ich. Ich glaube
jedenfalls, dass er wirklich wacker war, wenn ich auch
annehme, dass ein Wort unterschlagen wurde in der Anzei-
ge, das Wort »irgendwie« oder das Wort »trotzdem« oder
das Wort »immerhin«: »Er war immerhin ein wackrer
Mann.«
Hätte ich ihn gekannt, ich nehme an, ich könnte es für mich
behalten. Weil ich ihn nicht gekannt habe, tu' ich ihm wohl
unrecht, es kann sein, dass Max Meuschke niemand war, und
ich tu' ihm nochmal unrecht, wenn ich sage, dass er darauf
ein Recht hatte. Grösse ist so oder so eine Schweinerei, die
Grösse der Reichen und die Grösse der Armen. Bestimmt, er
ist ehrenwert, der wackre Mann, aber die Welt, die wackre
Männer nötig hat, ist übel. Vielleicht war Max Meuschke
wirklich nichts anderes als ein elender wackrer Soldat oder
einer, der seine Ausbeutung wacker verkraftete, einer, der
nicht klagte, einer, der nicht weinte, einer, der nicht darauf
aus war, glücklich zu sein.
Etwas anderes: ich komme eben aus dem Militärdienst zurück, ich mag Militärdienst nicht, ich mag auch jene Offi-
ziere nicht, die von sich sagen, dass sie Militärdienst auch
nicht mögen – die Sache mit dem notwendigen Übel und so.
Aber ich mag Dienstkollegen. Ich freue mich, wenn ich
einen sehe auf der Strasse, ich freue mich über Dienstkame-

raden mehr als über Schulkameraden und Berufskollegen. Ich weiss nicht weshalb. Vielleicht, weil man gemeinsam produziert hat und nicht unbedingt Sinnvolles produziert hat. Vielleicht, weil man sich hier fragt: »Wie heisst du, wo wohnst du, was arbeitest du, wie viele Kinder hast du?« – vielleicht, weil man hier die Formen der Unterdrückung kennt und sich nicht über den Nebenmann ärgern muss, der sie nicht einsieht. (Übrigens, und das ist nicht unwichtig in diesem Zusammenhang: Landsturm, ohne Ehrgeiz.)

Ich war die ganze Zeit mit Heinz zusammen. Wir hatten dieselbe Aufgabe, ein lieber Kerl, still, angenehm, und ich musste mich wehren dafür, dass er nicht die ganze Arbeit selbst machte.

Ich habe ihn gefragt, wie er lebt, was er tut. Er hat es mir erzählt, aber ich kann es mir nicht vorstellen. Er hat fünf Kinder, verdient als Akkordarbeiter zwischen 2000 und 2400 Franken (die Akkorde sind härter geworden seit der Rezession, man muss schon etwas leisten, dass man auf dem Lohn bleibt, aber es sei eine gute Stelle und eine sichere, und schon über zwanzig Jahre sei er da.)

Ich bin überzeugt, dass es seinen Kindern gut geht. Ich bin überzeugt, dass er gut lebt mit seiner Frau – er erwähnt sie nicht. Und es fällt mir auf, dass er die Dinge anders in die Finger nimmt als ich. Das ist nicht nur eine Frage der Geschicklichkeit, sondern er ist es gewohnt, nicht zu fragen, wenn er etwas tut oder tun muss. Ich leiste hier entfremdetere Arbeit als zu Hause, er leistet hier einsehbarere.

Nachträglich fällt mir auf, dass ich mit ihm nicht über Sinn und Unsinn der Armee diskutiert habe. Ich halte es für einen Zufall, aber es muss mehr sein. Man hätte mit ihm darüber diskutieren können, davon bin ich überzeugt. Er hat mir erzählt, wieviel er verdient, wie viele Kinder er hat, wann er aufsteht und wie lange er arbeitet. Er hat mir erklärt, wie das Akkordsystem funktioniert. Er hat nicht gesagt, dass das System gut sei, und er hat nicht gesagt, dass es schlecht sei, nur eben, dass man inzwischen schon etwas mehr leisten müsse, wenn man auf dem Lohn bleiben wolle.

Seine Kinder jedenfalls haben einen guten Vater, und seine Frau hat einen guten Mann, und sein Direktor hat einen guten Arbeiter, sein Nachbar hat einen guten Nachbarn, und die Armee hat einen guten Soldaten.

Und es ist nicht so, dass er am Leben vorbeilebt. Sonntags macht er Wanderungen, nach Feierabend arbeitet er im Garten. Die SKA und Jeanmaire und Cincera finden in einer anderen Welt statt. Nicht dass er dafür wäre, er wäre eher dagegen, aber mit zweitausend Franken im Monat hat man andere Sorgen als eine eigene Meinung. Sein Nachbar ist auch hier in unserer Kompanie. Sein Nachbar ist Direktor in derselben Firma. Ich weiss nicht, ob er ihm Du sagt. Dem Korporal und Direktor – so nehme ich an – würde das Du selbstverständlich sein, aber Heinz weicht dem Du aus. Er spricht mit dem Direktor Korporal, und er ist nicht unterwürfig dabei, nur etwas still und wortkarg. Heinz wird nie irgendwem, irgendwo und in irgendeiner Situation Schwierigkeiten machen. Heinz wird nicht auffallen. Es ist zwar eine Schweinerei, wie wenig er verdient. Ich sage ihm nichts davon. Ich habe ihn indiskret nach seinem Verdienst gefragt, er fragt mich nicht nach meinem.

In seiner Todesanzeige wird einmal stehen, dass es Gott dem Allmächtigen gefallen habe oder so etwas, und wenn er irgendwo einen Nachruf bekommt, dann könnte ich mir vorstellen, dass auch er »konziliant« war.

Ich weiss nicht, Max Meuschke, ich möchte Dir nicht unrecht tun, aber Deine Wackerkeit ist verdächtig.   28. 5. 77

Vom Sieg über sich selbst

Der Hochspringer konzentriert sich vor dem Sprung – die Fernsehkamera konzentriert sich indiskret und penetrant auf ihn. Der Hochspringer tänzelt, schliesst die Augen, öffnet sie, tut so wie einer, der denkt, wie einer, der meditiert, tut so wie einer, der betet, zittert wie ein hochgezüchtetes Rennpferd. An was denkt er jetzt, auf was konzentriert er sich?

Es ist mir peinlich, ihm zuschauen zu müssen. Gut, ich finde sein Tun lächerlich, aber das ist meine Sache und nicht seine. Trotzdem, ich finde es gemein, dass man sein lächerliches Gebet der Welt zur Schau stellen muss. Ich komme mir als Voyeur vor, und ich schäme mich, ihm bei Intimem zuschauen zu müssen. Er leidet offensichtlich an etwas, und ich habe den Eindruck – jetzt, wo ich ihn »denken«, »beten« und »zittern« sehe – er leidet an etwas, was er nicht frei gewählt hat. Nicht er hat diese Latte gelegt, sondern sie wurde gelegt auf Grund einer Übereinkunft, einer Konvention. Man hat sich weltweit darauf geeinigt, dass es sinnvoll sei, diese Latte zu überqueren, und dass dies sehr wichtig sei. Nun steht er da, als gehe es um Leben und Tod – darum geht es nicht, aber er hat sich das einzubilden. Er ist auf die internationale Lattenübereinkunft hereingefallen, ein Opfer, das von sich selbst zudem annimmt, es sei ein freiwilliges.

Auf der andern Seite der Latte die Erlösung, die Entspannung, der Sieg. Wir wissen sogar, was für ein Sieg, denn da gibt es die Konvention auch. Es ist der »Sieg über sich selbst«, eine herrliche und zutreffende Formulierung: Sieger und Opfer in einem – der Hochspringer hat den Menschen besiegt, den Menschen in sich selbst. Der Hochspringer ist der Sieger und der Mensch das Opfer.

Das trifft zwar vielleicht nicht zu, aber es ist mir trotzdem eingefallen. Doch ich habe jenen, der den »Sieg über sich selbst« postuliert hat, im Verdacht, dass er es wirklich so meinte.

100-Kilometer-Marsch von Biel. Tausende sind unterwegs. Hundert Kilometer zu Fuss – die Schnellsten in sieben Stunden, die Letzten in 24 Stunden. Leute jeden Alters – viele ältere und alte Leute, ohne Siegerehrgeiz die meisten und viele ohne grosse sportliche Ambitionen. Dabeisein, ein Erlebnis, eine Leistung, ein Sieg über sich selbst. Ich achte das nicht gering, ich kann es fast ein bisschen nachvollziehen. Ich weiss, dass ich nicht durchkäme. Ich weiss nicht, ob ich es tun würde, wenn ich durchkäme. Aber das ist keine Frage, denn wenn man's nicht tut, kommt man nicht durch.

Man hat mir gesagt, dass man sehen müsse, wie die vorbeikommen, kaputt und geschunden, mit verzerrten Gesichtern, an Stöcken humpelnd, leidend, durstend, schwitzend. Jene, die mir die Schau empfohlen haben, finden sie lächerlich; Kopfschütteln und Achselzucken.

Nun stehe ich da, in der Mittagshitze, etwa beim siebzigsten Kilometer, die Marschierer sind seit 12 Stunden unterwegs. Am Strassenrand ihre Familien und Freunde, die für Verpflegung, für Massage, für Heftpflaster und Verbände, für Trost bei offenen Füssen sorgen. Gestank von Massageöl und Zitronensaft.

Und sie kommen in einer endlosen Reihe. Einzelne darunter recht zufrieden und munter, Spaziergänger, denen man die siebzig Kilometer an nichts als an ihrer Nummer ansieht. Man ist verwundert, dass sie nicht Krawatten und Sonntagshüte tragen und Botanisierbüchsen vielleicht, aber die gibt es ja nicht mehr; die andern kaputt und zerquält, leidend und kämpfend. Zwei liegen im Gras. »Die stehen nicht mehr auf«, meinen die Kenner, »wer einmal liegt und schläft, steht nicht mehr auf.« Selbstverständlich meinen sie mit dieser Bemerkung nicht Tod, nur Niederlage.

Ich schäme mich, hier am Strassenrand eine Zigarette anzuzünden (ich schäme mich auch, hier zu husten). Ich weiss nicht, ob es am Platz ist, hier zu rauchen. Ich zünde mir eine Zigarette an, aber ich schäme mich. Und nun wieder das Gefühl des Voyeurismus wie beim Hochspringer am Fernsehen: dieser Blick in die Gesichter leidender, gequälter, sich selbst überwindender, sich selbst besiegender Menschen. Ich schäme mich und wende mich ab. Ich kann nicht in diese Gesichter schauen. Ich käme mir vor, als würde ich Leidende verspotten, und sie erscheinen mir nicht als Freiwillige, sondern als Unschuldige, ein langer Zug von Flüchtlingen, die einer Ideologie zum Opfer gefallen sind, und mir scheint, dass sie nicht um den Sieg über sich selbst kämpfen, sondern um die Niederlage unter sich selbst. Sie werden sich selbst besiegen. Ich schäme mich, diesem spielerischen Elend, dieser Lust am eigenen Leiden zigarettenrauchend zuzuschauen.

Ich meine nicht die Diskussion darüber, ob Sport gesund oder ungesund sei. Ich meine auch nicht, dass man etwas unternehmen müsste gegen diesen Marsch. Und wenn ich einen sehe, der ihn gemacht hat, dann hat er meine Hochachtung, denn ich meine, dass er nicht selbst schuld ist, wenn er das tut.

Ich glaube auch, dass es Spass machen kann und auch Freude, und ich glaube, dass es viele ohne viel Ehrgeiz und einfach so tun.

Unser Gemüsehändler rauchte Brissagos und war eher dick, und er hat diesen Marsch zehnmal gemacht, den letzten, als er bald siebzig war. Für zehn Märsche gibt es eine Medaille, auf die hat er sich gefreut. Kurz nach der Medaille ist er gestorben, nicht etwa wegen der Strapazen des Leistungssports, viel eher, weil er's erreicht hatte.

Unser Gemüsehändler war ein sehr freundlicher und sehr gemütlicher Mann. Er hatte nie in seinem Leben das Gesicht des Hochspringers. Eine Sache, die der Gemüsehändler tat, muss irgendwie eine gute Sache sein, ich glaube das.

Irgendwie haben wir das Gefühl, es sei eine gute Sache.

Irgendwie haben wir das Gefühl, es sei eine anständige Sache, und irgendwie möchten wir alle doch anständig sein.

Wenn ich sie hier vor mir vorbeileiden sehe und wenn ich mich schäme, in ihre Gesichter zu schauen, dann verspüre ich so etwas wie schlechtes Gewissen. Müsste man das Elend tagelang anschauen, ich weiss nicht, man müsste vielleicht doch plötzlich mittun, man könnte ja nicht der Einzige sein, der zufrieden hier in der Sonne steht. Man bekäme vielleicht auch Lust, ein Opfer zu sein, sein eigenes Opfer.

So weit ist es freiwillig.

Allerdings: der Sieg über sich selbst – das ist Ideologie. Und dieser Ideologie verfällt keiner freiwillig. Gäbe es diese Ideologie nicht, dann gäbe es das Lustempfinden bei der Überwindung des Menschen in sich selbst auch nicht.

Dann könnte man ihn einfach in sich selbst leben lassen.

Aber das ist eben nicht so. Und die Übereinkunft darüber, dass es zum Beispiel Sinn hat, über die Latte zu kommen, hat Methode.

Die Übereinkunft darüber gibt es nicht ohne Grund. So sinnlos, wie sie tut, ist sie gar nicht. Das macht mir Angst.

Ideologien haben schon Flüchtlingsströme verursacht. Ich weiss, dass es ein Zufall ist, dass mich dieser Marsch an Flüchtlingsströme erinnert.

Ich weiss, dass der Vergleich gemein ist. Er ist gemein, weil damit die Leiden echt Leidender verspottet werden.

An was denkt denn der Hochspringer, wenn er so tut wie einer, der denkt?   25. 6. 77

Klassenzusammenkunft

Damals waren wir Kinder.

Jetzt sind wir Erwachsene.

Dreissig Jahre ist das her. Jetzt haben wir uns wieder getroffen.

Im ersten Augenblick haben wir uns nicht wiedererkannt. Nach fünf Minuten schon waren wir uns vertraut. Zum Schluss blieb vielleicht noch ein Mädchen, das man nirgends einordnen konnte.

»Was machst du? Wo wohnst du? Verheiratet? Kinder?«

Wir sprechen zum ersten Mal in unserem Leben wie Erwachsene miteinander. Als wir das letzte Mal miteinander sprachen, sprachen wir wie Kinder.

Vielleicht.

Ich weiss nicht, ich erinnere mich an ein Gespräch mit Hugo auf dem Schulweg über Mädchen – wir waren zwölf damals –, ich glaube, das war gar nicht so dumm, nicht weniger dumm als Erwachsene über Mädchen sprechen.

Ich erinnere mich.

Das Mädchen ist auch da. Es gleicht sich noch. Es ist noch gleich. Es ist mit uns älter geworden.

Damals musste es kuren gehen – Tuberkulose oder so etwas –, ich hatte damals Angst, es müsste sterben, ich war froh, als es zurückkam.

Wir hatten uns jedenfalls beschäftigt mit den Mädchen. Wir hatten was zu tun mit ihnen. Aber wir sprachen kaum mit ihnen. Jetzt sprechen wir mit ihnen, als wären wir alte Bekannte und hätten es schon immer getan.

Wir waren zwölf damals. Jetzt sind wir älter geworden, dreissig Jahre älter. Aber wir sind uns schnell wieder vertraut, und es fällt uns nicht auf, dass das wohl andere Gespräche sind, die wir heute führen.

Wir gleichen uns noch. Was uns beim Zusammentreffen so überraschte, nämlich dass wir uns nicht wiedererkannten, das begreifen wir schon nach einer halben Stunde nicht mehr. Kaum einer scheint sich richtig verändert zu haben. Wer jetzt einen Bart trägt, den stellt man sich einfach zwölfjährig mit Bart vor.

Und jeder hat seine Überraschung mit: Die Überraschung, dass aus ihm etwas geworden ist: Fabrikant, Direktor, Professor, jeder ist etwas geworden. Jeder eigentlich ist überraschend viel geworden, aber die Überraschung ist keine – zurückdenkend an die Zwölfjährigen, ist nun doch alles vorstellbar, keiner überrascht wirklich. Die Weichen scheinen mit zwölf schon gestellt gewesen zu sein. Vielleicht ist es das, was alles so eigenartig macht, dass wir damals schon so etwas wie Erwachsene waren: Jungerwachsene.

Ein Lehrer ist auch hier – unser Lieblingslehrer. Er war es mit Recht, er war ein guter Lehrer.

Auch er scheint uns nicht älter geworden zu sein. Die 18 Jahre Altersunterschied, die damals viel waren, sind weniger geworden, wir sind jetzt so erwachsen wie er.

Einer hat etwas Pech gehabt im Leben. Er hat unsere Solidarität. Wir mögen ihn. Auch er hat sich nicht verändert. Er terrorisiert uns immer noch, aber sanfter, viel sanfter als damals. Auch an seine Stimme, an seine tiefe Stimme erinnert man sich, auch sie ist dieselbe und auch seine Frisur.

Einer ist ein strenger, sicherer Mann geworden. Nach seinem Beruf befragt, erwähnt er gleich noch einige Ämter – Gewerbelehrer auch und Experte –, vielleicht ist er streng und gefürchtet, könnte sein, müsste eigentlich sein, vielleicht sieht er nur so aus. Vielleicht ist er das, was er gerecht nennt.

Einer sieht aus wie einer, der über vierzig ist, ein erwachsener Mann, einer, der das Erwachsensein angenommen hat.

Über das Schulhaus, das wir besichtigen, fliegt ein Helikopter – Polizeihelikopter, Demonstration der Kernkraftgegner in

Gösgen – man weiss es, man erwähnt es, man spricht nicht davon. Jetzt nur keine Politik, keine Meinung, kein Streit. Ausstossen würde man hier wohl keinen wegen seiner politischen Meinung, das nicht; doch Standpunkt zu beziehen hat hier keiner.

Man nimmt seinen Standpunkt von damals und schaut, was er damit oder trotzdem geworden ist.

Denen von der Marktgasse wurde von einem Lehrer – nicht vom anwesenden – oft genug gesagt, aus ihnen werde nichts. Wir haben ihm das alle geglaubt, nicht gezweifelt daran. Wir wussten, weshalb aus ihnen nichts wird. Weil sie Experten für Leben waren. Armut war für sie nicht aus dem Lesebuch, und sie wussten auch, was man mit den Mädchen tun kann, und sie hatten den Mut zum Verbotenen, zum verbotenen Schwimmen, zum verbotenen Rauchen – und dann auch zu so verbotenen Dingen, die nicht einmal jemand zu verbieten wagte.

Wir hätten nichts gelernt in der Schule ohne sie, gar nichts.

Jetzt sind wir alle glücklich, dass aus ihnen doch etwas geworden ist, Angestellte, Bürolisten, Abwarte – Schlaumeier immer noch vielleicht, aber Schlaumeier mit Familie und Kindern und wohl auch mit Vorstellungen von Erziehung – man spricht nicht darüber.

Es gibt keinen Anlass, an unserer Schule zu zweifeln, wir sind etwas geworden, und hier an der Klassenzusammenkunft darf man es auch geworden sein – kein Ton von persönlichen Schwierigkeiten, von Frustration und Trauma, von Unglück und Enttäuschung. Es gibt keinen Anlass, an unserer Schule zu zweifeln.

Und es ist ein netter Abend. Alle haben sich darauf gefreut, alle waren gespannt darauf. Einer sagt – der Erwachsene –, was besonders schön sei, sei, dass sich keiner betrunken habe. Warum eigentlich nicht?

Anderntags die Erinnerung daran – jetzt plötzlich –, dass man sich überhaupt nichts gefragt hat, dass man sich nichts erzählt hat. Dass man im Grunde genommen nichts anderes als ehemalige Zwölfjährige getroffen hat – Zwölfjährige, zu denen man eine tiefe Beziehung hatte.

Ist es vielleicht so, dass es schön war, ein Kind zu sein?

Einer – der Italiener – schimpft milde über einen Lehrer, der ihn täglich verprügelte. Ich erinnere mich, und wir fragen uns gegenseitig, ob wir uns noch erinnern.

Er wurde mit dem Stock verprügelt für seine Handschrift und für seine Heftführung, verprügelt von einem begeisterten Pedanten, von einem begeisterten Schönschreiber, von einem Lehrer, der von all jenen geliebt wurde, die er verschonte.

Ein Politiker übrigens, ein Ehrenmann. Man hatte ihn nicht eingeladen, man hatte vergessen, ihn einzuladen. Hätte man es getan, man hätte wohl vergessen, dass er den Italiener täglich verprügelte.

Der Italiener war ein lieber Kerl. Wir mochten ihn, d. h. wir mochten ihn erst ein Jahr später, als wir zu unserem Lieblingslehrer kamen, wir mochten ihn erst, als er einen Lehrer bekam, der ihn mochte.

Er ist immer noch ein lieber Kerl, und es ist etwas geworden aus ihm. Geschadet? Nach offiziellen Maßstäben wohl nicht. Aber er war jener, den wohl alle gleich erkannt haben. Man hatte es sich offensichtlich gemerkt damals, das Gesicht des Opfers.

Es ist wohl nicht nur mir eingefallen, das Bild von damals, als wir in unseren Bänken sassen, still und aufmerksam, mit verschränkten Armen und Blick nach vorn und zuschauten, wie der Italiener verprügelt wurde, eigentlich auch zuschauten, wie wir nicht verprügelt wurden.

Keinem von uns wäre eingefallen, dass hier gemeines Unrecht geschah. Das Gesicht jenes Lehrers löst in mir heute keinen Schrecken aus – ein freundlicher Mann, ein mit mir freundlicher Mann. Ich weiss, dass ich damals nichts, nicht das Geringste gegen ihn hatte. Ich empfand es als Gunst, dass er mich nicht verprügelte, und er liess sich diese Gunst mit meiner Liebe bezahlen.

Sonst erinnert uns nichts an diesen Lehrer.

Er hatte uns etwas beigebracht; Unrecht zu ertragen und Gunst anzunehmen, er hatte uns die Klassen in der Klasse beigebracht, die Schule der Faschisten.

Ob er einer war? Sicher nicht!

Ob wir welche geworden sind?

Das ist nicht festzustellen bei der Zusammenkunft der Klassen.   23. 7. 77

Wie war es 1977?

Kürzlich fragte mich ein Maturand, wie das früher gewesen sei, politisch und so. Und er meinte mit früher: vor zehn Jahren. Damals war er neun – ein Kind; damals war ich 32 – ein Erwachsener.

Für mich ist 1967 noch so etwas wie heute – für ihn ist es so sehr Geschichte wie für mich das Jahr 1944.

Die Jugend von 1968 ist keine Jugend mehr, und die heutige Jugend ist nicht mehr von 1968.

Aber ich kann ihm nicht erzählen, was damals so ganz anders war, ich habe – weil ich ihn nachvollzogen habe – den Unterschied nicht mitbekommen. Für ihn, davon bin ich überzeugt, wäre es ein Unterschied.

Zehn vergangene Jahre sind für mich keine Zeit – deshalb bin ich älter als er. Deshalb kann ich die Fragen nicht mehr stellen, die richtigen Fragen, die er stellt.

Ich weiss, dass meine Antwort, es habe sich nichts geändert, falsch wäre – deshalb versuche ich Unterschiede zu konstruieren – ja, es ist alles ein bisschen schlimmer geworden – ich hätte Mühe, die Unterschiede zu belegen.

Sollte er sich wirklich für das Jahr 1967 interessieren – er wird mit Sicherheit mehr darüber erfahren können als ich. Weil er es besser einordnen kann, besser vergleichen kann. Er hätte die Chance, ein Fachmann für die Geschichte der sechziger Jahre zu werden – ich nicht; weil das kleine persönliche Bisschen, das ich damals erlebt habe, für mich das Jahr 1967 ist – wär' ich verantwortlich dafür, ich käme nicht gut weg. Und mit persönlichem Erlebnis meine ich nicht, dass ich 1967 erlebt hätte.

(Ich denke an jene, die sich mit der Zeit von 1933 bis 1945 auseinandersetzen – an die Fachleute für diese Zeit wie Meienberg zum Beispiel –, und an jene, die glauben, sie hätten sie erlebt, an die lebenden Laien jener Zeit, die nicht einmal den Versuch zur Objektivität akzeptieren können. Sie wehren sich dagegen, dass ihr Leben in geschichtlichen Zusammenhängen stattgefunden hat. Ihr Leben hat nicht in geschichtlichen Zusammenhängen stattgefunden.)

Kürzlich hat mir einer sein Leben erzählt, abends in der Beiz, zuerst von heute an etwas rückwärts, dann von vorn bis heute. Er ist 62, Arbeiter in einer Fabrik. Erst jetzt und in diesem Zusammenhang fällt mir auf, dass in seinem Leben kein Zweiter Weltkrieg stattgefunden hat. Ich nehme an, dass auch er beim Militär war, es ist nicht wichtig im Zusammenhang mit seinem Leben. Er würde wohl böse, wenn man ihm sagen würde, dass es nicht wichtig ist. Auch er hätte kein Verständnis für Meienberg. Den Arbeiter kann man ebensowenig fragen, was vor dreissig Jahren war, wie man mich fragen kann, was vor zehn Jahren war. Aber er ist nicht typisch, weil er ein Niemand ist – eigenartig, das müsste doch umgekehrt sein, er müsste doch gerade deshalb typisch sein.

Er ist kein Vertreter der Aktivdienstgeneration. Die Vertreter der Aktivdienstgeneration sind jene, die für ihn sprechen, jene, die glauben, stellvertretend für ihn zu sprechen. Und er wird – das nehme ich an – auf diese Stellvertretung hereinfallen.

Er wird sich gerne einreden lassen, dass er Historisches tat in seinem Leben und hart an der Geschichte, der unvergänglichen, lebte. Es kann ihm nur recht sein, wenn einer aus seinem Leben nachträglich noch etwas macht. Aber er hat nie, wie sollte er auch, auf diese Geschichte reagiert. Man hat ihm gesagt, was er zu tun habe (Historisches zu tun habe), und er hat es getan.

Er hat zudem ein bisschen Glück gehabt, in einem Land zu leben, wo er annähernd Anständiges tun musste. Wäre es Unanständiges gewesen, er wäre kein Unanständiger geworden dabei.

Vielleicht ist Geschichte wirklich eine Fiktion und der Streit um Geschichte ein Streit um des Esels Schatten, und die nachträgliche Kontrolle der Macht deckt die Macht nicht auf, sondern nur den Machtmissbrauch, der nichts anderes ist als Machtgebrauch, und es gibt keinen Anlass, ihn anders zu nennen.

So oder so, der Fabrikarbeiter, der mir erzählt hat, ist ein Opfer.

Letztlich weiss ich von ihm fast nichts oder nur das, was ich gelernt und gelesen habe über Fabrikarbeiter.

Ich weiss nicht, wie man lebt mit seinem kleinen Lohn. Ich habe noch nie irgendwo gearbeitet, wo man morgens gemeinsam reingeht, wo man mittags und abends gemeinsam rauskommt, sich mittags einen guten Appetit wünscht, abends einen schönen Abend und freitags ein schönes Wochenende.

Ich habe keine Ahnung von seiner Arbeit. Ich weiss zwar, was ein Dreher ist und was der in etwa so herstellt.

Aber ich weiss von seinem 1977 sowenig wie von seinem 1940, und würde mich sein 1977 interessieren, dann hätte ich Dokumente zu sammeln und auszuwerten wie über ein historisches Ereignis.

Wenn ich etwas über sein Leben erfahren will, dann muss ich über sein Leben wesentlich mehr wissen als er selbst.

Ich kann mein eigenes Leben zwar erfahren, aber ich weiss (fast) nichts darüber.

Und das ist wohl ein Teil der Arroganz der Mächtigen, dass sie Erfahrung für Wissen halten und den Versuch zur Objektivität für unbrauchbar. 20. 8. 77

Beweise

Roger ist wieder hier, wo er auch immer war, er ist wieder hier, und er belästigt die Leute wieder mit seinen Kenntnissen von der Welt.

Er hat jetzt wieder ein Geschäft, und er hat wieder gearbeitet für einen Herrn Doktor und für noch einen Herrn Doktor, und er kann alles beweisen, er hat in seiner Jacke die Police einer Versicherung, sein Dienstbüchlein, einen Vertrag über den Kauf eines Occasionsautos – einen neuen Fahrausweis, einen sehr guten – wie er sagt – mit Wasserzeichen, mit Silberfaden wie die Banknoten, mit Blindencode. Wie ich das alles sehen möchte, findet er es nicht, aber irgendwo muss es sein. Nun findet er es auch, das Wasserzeichen, den Blindencode, den Silberfaden. Er zeigt es mir, aber ich sehe es nicht.

Ich nehme meinen Fahrausweis. Er beweist mir, dass meiner schlechter sei, aber er sagt, dass ich auch drankomme – dreissig Franken zu bezahlen habe, und dann bekäme auch ich einen neuen.

Ich frage ihn, warum ein Fahrausweis Punkte brauche für die Blinden, ob das für blinde Polizisten oder blinde Fahrer sei, aber er ist nicht verlegen. Das sei, so sagt er, damit keiner einem Blinden einen Fahrausweis geben und behaupten könne, das sei eine Tausendernote – das leuchtet ein.

Roger hat Vertrauen in den Staat.

Er freut sich, Ausweise zu haben, in denen sein Name steht, und er freut sich, Verträge zu haben, die er unterschreiben darf. Roger hat eine schöne Unterschrift.

Sie wollten ihn fertigmachen, sagt er. Sie wollten ihm die Leber rausnehmen, aber er hat das nicht zugelassen – mit Recht, sage ich.

Wo er auch immer war – im Spital, sagt er – ich weiss, wo er

war –, er hat jetzt wieder ein Geschäft. Er hat eine Schriftta-
fel gemalt und einen Bauernschrank – auch das kann er
beweisen, er zeigt seine Aufenthaltsbewilligung von irgendwo. Was das soll, frage ich; er sagt, da habe er den Bauernschrank gemalt, ob ich es denn nicht glaube.
Ich glaube, sage ich, dass er da wohne. Also, sagt er.
Roger ist hingeschmissen an den Staat wie keiner von uns
– er hat all seine Taschen voll Beweise.
Er trägt sein Dienstbüchlein mit sich rum. Roger ist dienst-
untauglich, aber irgend jemand muss ihm gesagt haben, dass
dies ein wichtiges Dokument sei. Und was wichtig ist, so
glaubt er, ist auch wertvoll, und wer ihm nicht glaubt, dem
zeigt er sein Dienstbüchlein. Auch dieses Büchlein, wie sein
Fahrausweis, ein ganz besonderes – nämlich das einzige auf
dieser Welt mit seinem eigenen Namen drin, mit seinem
eigenen Geburtsdatum, seinem eigenen Bürgerort, mit seinem Beruf, den er hat, den er gelernt hat, mit . . .
Mit all dem, was man ihm streitig machen will, mit sich
selbst.
Aber nicht nur auf das fällt er rein, sondern auf alles, was
diese Welt verspricht, und er wird es nicht schaffen.
Roger ist ein guter Maler, aber die Welt verspricht mehr. Sie
verspricht ein Malergeschäft mit Büro und Stempeln und
Briefpapier. Sie verspricht – diese Welt – jedem die Chance,
etwas zu werden. Roger glaubt es und ersäuft.
Hand aufs Herz – wann haben Sie Ihr letztes Geschäft gegründet? Warum denn eigentlich haben Sie es nicht getan?
Da gab es doch jene Inserate, die Reichtum versprachen
durch die Zucht von Chinchillas. Warum haben Sie das nicht
getan? Da gibt es doch jenen Traum vom kleinen Beizlein
mit guter Küche, das man eröffnen könnte, warum tun Sie
das nicht?
Oder – warum haben Sie letzten Freitag keinen Lottozettel
ausgefüllt, oder weshalb haben Sie es denn getan?
Warum ärgern Sie sich so sehr darüber, dass ihr ehemaliger

Kollege (dümmer als Sie jedenfalls) jetzt ein Geschäft hat? Wenn schon, dann wären doch Sie derjenige gewesen, der es hätte tun können oder tun sollen? Warum haben Sie nicht?

Roger hat!

Roger hat schon wieder!

Roger glaubt an eine ganz andere Welt als Sie – er glaubt an die Welt jener, die haben, und er glaubt, dass er sie erreichen wird. Er glaubt allen Ernstes daran, dass ihm dieser Staat wohl kein Dienstbüchlein mit seinem eigenen Namen in Tusch ausgestellt hätte, wenn dieser Staat nicht an ihn glauben würde – oder weshalb hat ausgerechnet ihm der Staat einen so ganz neuen Fahrausweis ausgestellt?

Roger ist ein Träger von amtlichen Papieren.

Roger gehört auch zu den Leuten, die von der Polizei auf der Strasse angehalten werden und nach Ausweisen gefragt. Roger hat sich ein Leben lang ausgewiesen. Er hat die Beweise, die schriftlichen mit Stempel und Unterschrift, hingelegt. Er kann alles beweisen, er kann sich selbst beweisen.

Das hat man ihm beigebracht, dass er sich zu beweisen hat, und letztlich versteht er den Inhalt der Papiere, die er auf sich trägt, nicht. Er begreift nicht, dass seine Aufenthaltsbewilligung noch lange nicht beweist, dass er Bauernschränke malt.

Er weiss nicht, wie das alles funktioniert, aber er weiss, dass es mit Stempeln und Unterschriften funktioniert – dass einen Stempel und Unterschriften ins Gefängnis bringen – dass Stempel und Unterschriften einen aus dem Gefängnis holen, dass es wichtig ist, einen Stempel und eine Unterschrift zu haben.

Er hat jetzt wieder ein Geschäft mit einem Stempel und mit seiner Unterschrift.

Ich habe kein Geschäft und Sie wohl auch nicht. Irgendwo hätte ich zuviel Angst davor und wüsste nicht recht, wie das alles funktioniert mit Buchhaltung und Abrechnungen und

Mahnungen und Offerten, mit AHV und Unfallversicherung.

Aber er weiss, wie das funktioniert. Es funktioniert mit Papier, Stempel und Unterschrift.

Und man muss es nur beweisen können, und es funktioniert – irgendwo.

17. 9. 77

Sir – you know ...

Wenn man hier in Ceylon (Sri Lanka) andere Touristen trifft
– Schweizer –, dann spricht man über Preise, wie billig man
das und wie billig man jenes bekommen habe und wo was
noch billiger sei – und natürlich die Armut – und dann die
Sorge darüber, dass dies alles bald teurer werden könnte,
weil es Touristen gebe, die nicht zu markten verstünden und
zu hohe Preise bezahlten.

Im Hotel, am Nebentisch, sitzt eine Reisegesellschaft beim
Nachtessen. Die Bewegungen des einen – ein etwa fünfzig-
jähriger hagerer Mann – erinnern mich an etwas. Er übt sich
offensichtlich in Gemütlichkeit und versucht, langsam zu
essen. Aber es gelingt nicht. Er führt sein Brot mit der Hand
auf die Höhe seines Mauls, schnellt mit dem Kopf nach vorn
wie eine Echse und schnappt die Hälfte des Brotes weg. Es
ist die Essbewegung eines Schweizer Arbeiters bei der zu
kurzen Znünipause, der zu kurzen Mittagspause, der zu
kurzen Zeit zwischen Feierabend und TV-Programm. Er
nimmt an der Konversation fast nicht teil, aber hie und da
eine schnelle Kopfbewegung zum Nachbar und ein entsetztes
Wort – das ist der Arbeiter, der seinem Kollegen eine Schlagzeile aus dem »Blick« mitteilt, und dann dieser Blick in die
Ferne, ich kenne ihn von meinem Vater und habe nie herausgefunden, was er bedeutet, aber es gibt diesen Blick bei Hand-
werkern. Nach dem Essen schiebt er seinen Stuhl zurück,
lehnt sich in seinen Stuhl, legt die Arme auf die Lehne und erwartet etwas – das ist Fernsehzeit. Er hat seine Bewegungen mitgebracht in die Ferien. Er ist einer, dem man seine Ferien gönnt, ein Arbeiter, ein vielleicht armer Arbeiter aus Europa. Mit grossem Schnurrbart wäre aus ihm leicht ein englischer
Kolonialoberst zu machen. Zu Hause ist er ein Ausgebeu-
teter. Hier gehört er mit zu den Ausbeutern dieser Welt.

Wäre es nicht vielleicht sinnvoller, die Arbeit hier in der Hitze zu automatisieren und die Handarbeit in den kühleren Regionen zu tun? Soll ich hingehen und diesem Arbeiter sagen, dass die Leute hier leiden, weil die Güter der Welt falsch verteilt seien, und er hätte etwas abzugeben? Warum er, der zu Hause zu den Armen gehört?

Ich trinke meinen Whisky. Dem Kellner ist das recht, er verdient etwas daran, und er mag es sehr, dass ich ein Reicher bin. Er verdient 250 Rupien (50 Fr.) im Monat. Ein Pfund Reis kostet 3,5 Rupien. Ich schäme mich für das grosse (kleine) Trinkgeld, das ich ihm gebe. Er fragt mich über den Reichtum der Schweiz aus. Er findet es schön und gut, dass wir reich sind.

»Sir, sag es nicht dem Hotel, dass ich mit dir über Sri Lanka gesprochen habe«, sagt mein Roomboy, *mein* Roomboy. Er ist der einzige, den ich getroffen habe, der den Regierungswechsel nicht gut findet. Aber erst nach langem Fragen. Man weiss hier, dass die Touristen keine Sozialisten sind – es scheint so, wie wenn man die Regierung den Touristen zuliebe gewechselt hätte.

»Vielleicht wird die neue Regierung mehr Reis pflanzen«, sagt einer. Das fruchtbare Ceylon vermag seinen eigenen Reisbedarf nur zu zwei Dritteln zu decken. Die Armen unter den Armen essen keinen Reis hier.

»Sir, you know, wir haben Schwierigkeiten.« Er meint nicht etwa ökonomische Schwierigkeiten, sondern er meint die Sache mit den Tamilen, den Ärmsten unter den Armen, eine indische Volksgruppe. Zwei Tage später sagt er, es sei jetzt alles in Ordnung, sie hätten jetzt keine Schwierigkeiten mehr mit den Tamilen. Ich müsste mich nicht fürchten.

Der Aufseher in einer Gummifabrik sagt, dass seine Arbeiter Tamilen seien. Man könne nicht die hohen Löhne für einen Singhalesen (5 Rupien im Tag) bezahlen, man müsse konkurrenzfähig bleiben – das kommt mir bekannt vor, das kommt mir sehr bekannt vor. Auch er erwartet ein Trinkgeld, man hat nicht den Eindruck, dass die Profiteure des Systems hier in diesem Land sitzen.

Die Hütten links und rechts der Strasse sind alles Läden. Jeder sitzt vor seinem Haus und hat etwas zu verkaufen. Keiner kauft etwas. »Wie funktioniert das?« frage ich. »Sir, you know, er muss nur einmal am Tag etwas verkaufen, dann kann er leben. Wenn er einmal am Tag etwas verkauft, verdient er so viel, wie wenn er den ganzen Tag auf dem Feld arbeitet.« Ein Volk von Unternehmern – Politik hat hier wenig Chancen –, und wie macht man eine Revolution, wenn die Nutzniesser Tausende von Kilometern weit weg sind und wenn sie vorläufig die einzige und letzte Chance sind.

Es wäre ganz schön, hier zu leben. Der Boy ist freundlich, er ist bemüht um Tee und alles. Man ist hier König (eher Colonel) als Gast, und das Meer ist blau. Man geniesst es, ein bisschen Kolonialoberst zu sein – und ein freundlicher und anständiger dazu; man erinnert sich an Literatur, an Kipling zum Beispiel und überhaupt fast an die ganze Literatur des 19. Jahrhunderts, auch Kolonialstil ist etwas sehr Schönes, Kolonialhäuser, ein Hotel in Kandy, Kolonialmöbel, und es erinnert an Filme und an Träume – man könnte einen Kim machen aus meinem Boy und die Welt wieder »in Ordnung« bringen.

Unabhängigkeit ist einen Dreck wert, wenn die Macht auf der Welt nicht politisch, sondern wirtschaftlich ist. Man schämt sich hier, man schämt sich hier – aber man nützt ihnen nichts, wenn man nicht hingeht.

Und keine Politik wird diesem Land helfen können, nicht die eigene, und vor allem auch nicht jene, die bei uns betrieben wird. Hier merkt man endlich, dass man dazu gehört, dass man ein Kapitalist ist, dass der Kolonialismus nicht zu Ende ist. Er ist nur demokratisiert worden, es gibt auf der Seite der Herrschenden nun mehr Schuldige und keine Verantwortlichen mehr.

Gerechtigkeit wäre so etwas, wie wenn ich ebensowenig nach Ceylon reisen könnte wie die Ceylonesen zu uns und wenn dafür die Ceylonesen ein anständiges Leben in ihrem eigenen Land fristen könnten. Sind sie glücklich? – Wenn schon, warum wollen wir es denn nicht sein?

Wir sind sehr wenig weit gekommen in dieser Welt – und wir behandeln nach wie vor alle Probleme so, als würden wir im 19. Jahrhundert leben (z. B. auch die Probleme der Atomkraftwerke). Es dürfte klar sein, dass die Politik des 19. Jahrhunderts nicht mehr genügt. Wir profitieren kurzfristig davon, dass wir politische Dilettanten sind – wir sind es gern und mit Absicht.

Die Auseinandersetzungen zwischen Linken und Linken bei uns sind nichts anderes als die Auseinandersetzung zwischen nationalen und internationalen Linken. Die nationale Linke macht mit, für sie ist die Umverteilung ein nationales Problem. Nationaler Sozialismus? – Das entsprechende Substantiv ist bekannt!

Ich erinnere mich nicht, solches Elend schon je auf Bildern gesehen zu haben, in Filmen oder im Fernsehen. Man sieht dieses Elend nicht auf Bildern. Ich erinnere mich aber, dass ich mit Freunden über die Wahlniederlage der Bandaranaike diskutiert habe, so wie wenn es Dänemark oder Schweden oder die Schweiz betroffen hätte. Die Sache schien mir klar, und ich glaubte, Bescheid zu wissen.

Die Ceylonesen fragen mich nach meiner Adresse. Ich muss sie immer wieder aufschreiben. Sie wollen die Adresse eines Freundes in der reichen, in der richtigen Welt. Sie freuen sich, dass ich – der Colonel, der Sir – ihr Freund bin. Ich bin ihr Freund. Was für ein Freund?   15. 10. 77

Immer noch liegt die Oper von Sydney südlich der Alpen

Dass es Känguruhs gibt hier, das weiss man. Känguruhs werden einem hier angeboten wie zuhause Jodler und Alphornbläser. Es sind auch hier nicht nur die Fremden, die auf das touristische Image hereinfallen, es sind auch die Einheimischen: »Haben Sie schon Känguruhs gesehen, wollen Sie Känguruhs sehen?«

Ich habe getrotzt, ich habe keines gesehn. Ich konnte es den Australiern einfach nicht antun, ja zu sagen. Ich hatte den Eindruck, dass sie glaubten, mir nicht mehr anbieten zu können als Känguruhs – und dann die Oper von Sydney; die hab ich mir angeschaut, ja, ganz schön, aber es ärgert mich hinterher, dass auch sie zu dem ganz wenigen gehörte, was ich vorher von Australien wusste, und dass genau diese Oper mit daran schuld ist, dass ich mir ein falsches Bild von Australien gemacht hatte.

Es gefällt mir hier, und ich schäme mich, dass es mich überrascht. Ich schäme mich, dass ich auf die Erzählungen der Leute, die hier waren – Touristen, Geschäftsleute – hereingefallen bin. Ich hätte wissen müssen, dass Touristen nur Augen für Typisches haben und zum vornherein wissen, was typisch zu sein hat, und dass sie, wenn sie zurückkommen, nur Dinge erzählen, die sie vorher schon wussten. Ich weiss doch, dass es in der Schweiz nicht nur Russis gibt, und hätte mir doch ausrechnen können, dass es hier in Australien nicht nur Tennisspieler gibt.

Es seien rauhe Gesellen, diese Australier, hat man mir gesagt, und sie tränken viel Bier und seien laut. Bier trinken sie übrigens – nicht wenig Bier –, aber wenn mir einer das erzählt und nur das, dann bekomme ich eine falsche Vorstellung.

Ich habe auch wieder einmal versucht, Tagebuch zu führen, und ich habe es nach vier Tagen aufgegeben. Es ist mir aufgefallen, dass ich den Ausdruck »die Australier« immer wieder gebrauchte und dass ein solcher Ausdruck nichts taugt, dass er vielleicht fast noch weniger taugt als »die Schweizer« oder »die Franzosen«.

Ich hätte aus Erfahrung wissen können, dass ich gern in angelsächsischen Ländern lebe, ich hätte mir denken können, dass man hier angelsächsisch lebt, dass eine Bar hier etwas ist, was mir gefällt, und dass man sich hier nicht dauernd beobachtet fühlt. Dass man hier atmen kann, weil es noch Land gibt und nicht nur Autobahnen.

Man hat mir gesagt, dass die Städte hier sehr modern seien – Glas, Stahl und Beton –, nun treffe ich echte, belebbare Städte an, Sydney vor allem, aber auch Melbourne. Städte aus dem späten 19. Jahrhundert, genau jene Stadt, die bei uns so rigoros zerstört wurde, genau das, was es bei uns kaum mehr gibt oder nur als Museum, das gibt es hier noch: die Altstadt, eine Stadt mit alten Häusern.

Und nichts ist untypischer für sie als die Oper von Sydney, der Ausdruck eines Minderwertigkeitskomplexes gegenüber Europa – es sieht so aus, wie wenn Europa Sydney dazu gezwungen hätte.

Man hat den Eindruck, dass der europäische Kolonialismus nicht überwunden ist, dass er nur seine Formen verfeinert hat. Und es ist hie und da fast mühsam, wie man die Leute hier immer wieder aufrichten muss: »Das habt ihr gut gemacht, das ist hier viel besser, euer Wein ist vorzüglich (er ist es), mir gefällt es hier.« Die Leute hier reagieren wie Unterdrückte. Irgend jemand hat ihnen einmal gesagt, sie hätten keine Kultur, und sie haben es geglaubt und haben ihren kulturellen Minderwertigkeitskomplex. Den Europäern ist das nur recht, und sie wollen dann auch nichts anderes sehen, wenn sie herkommen.

Ich habe bis jetzt auch ernsthaft gemeint, die Trennlinie

zwischen Süden und Norden seien die Alpen – Afrika liegt südlich der Alpen, Grönland liegt nördlich der Alpen –, das funktioniert von hier aus nicht mehr.

Unser Kampf – der europäische, der schweizerische – für die Beibehaltung der »richtigen« Ordnung mit den Alpen als Mitte der Welt ist vergleichbar mit dem ehemaligen Kampf des Papstes gegen die runde Welt.

Es scheint mir auch, dass die Idee von der total hoffnungslosen Welt eine europäische Idee ist. Das Problem, dass man Wachstum braucht und keinen Boden dafür findet, gibt es hier nicht. Der Untergang Europas wird hier nicht mit Weltuntergang verwechselt. Ich weiss nicht, wie lange Europa noch mit dem sentimentalen Bezug zum Nabel der Welt rechnen kann. Europa scheint nicht nur Fehler gegenüber der dritten und vierten Welt zu machen, sondern gegenüber der Welt überhaupt. Kolonialismus ist kaum mehr eine politische, sondern eine Mentalitätsfrage.

Europa lebt irgendwie vom Minderwertigkeitskomplex der übrigen Welt, lebt immer noch von dem, was man europäische Kultur nennt, Musik, Malerei, Dichtung, und es lebt vom Minderwertigkeitskomplex der andern gegenüber dieser Kultur. Eigenartig, wie wenig unsere Politik bereit ist, etwas zu tun dafür – so sicher sind sie –, und es ist kein Zufall, dass man sich hier sehr anstrengt.

Die Anstrengung geht noch in die Richtung wie früher in Amerika, in die Richtung einer Kopie der europäischen Kultur, über die man dann in Europa gut und gern wohlwollend lächeln kann. Und wer zurückkommt, erzählt von Känguruhs und kaltem Bier und vielleicht vom Opera House in Sydney.

Australien ist ein junges Land, aber es ist nicht ein Land ohne Geschichte. Es fühlt sich nur ohne Geschichte, weil Geschichte immer noch etwas Europäisches ist. Und Australien ist kein stolzes Land, das macht es so angenehm.

Es hat Geschichte – auch eine fürchterliche Geschichte. Es

hat Menschen verloren im Burenkrieg, im Ersten und im Zweiten Weltkrieg, in Korea und in Vietnam, aber die Geschichte jener Kriege ist nicht ihre Geschichte, es ist die Geschichte der Welt, und die Welt zu sein, das ist der Anspruch von Europa.

So gesehen liegt die Oper von Sydney wirklich immer noch südlich der Alpen. Wenn man die Oper von Sydney nimmt – und nicht Australien –, dann stimmt das fast noch mit den Alpen als Mitte der Welt.

Aber die Oper von Sydney ist nicht Australien. Es ist sehr schön hier, ein grosses und reiches Land mit sehr freundlichen Menschen, und man kann hier wirklich leben.

Vielleicht wird Europa selbst bald einmal so etwas wie eine Oper von Sydney – ein Komplex in Stein –, dann könnten die Australier dann wenigstens ihre Oper als Denkmal und Mahnmal für das ehemalige Europa verwenden: so hat Europa ausgesehen!   12. 11. 77

Im Winter muss mit Bananenbäumen etwas geschehen

Grossväter haben, oder hatten, eine Neigung zur Geographie. Sie hatten alte Atlanten und zeigten ihren Enkeln Grönland, Afrika und Australien. Sie kannten den Pazifik und den Atlantik und den Indischen Ozean, und sie kannten den Unterschied zwischen afrikanischen und indischen Elefanten.

(Ich hatte erst kürzlich am Biertisch wieder einen Streit darüber, welche die grösseren seien und welche die längeren Ohren hätten. Ich habe tapfer die Meinung meines Grossvaters vertreten und kam damit in die Minderheit, aber ich bin überzeugt, dass mein Grossvater recht hatte: Die indischen, das sind die grossen mit den kleinen Ohren.)

Von einem andern Grossvater habe ich gehört, der schnitzte in einer Fabrik in Kleinlützel ein Leben lang Edelweisse und Alpenrosen auf Tabakpfeifen und Spazierstöcke, mehrere in einer Minute für einen lächerlichen Lohn, und darunter schnitzte er die Namen von Dörfern, schöne Namen: Zermatt, St. Moritz, Andermatt, Adelboden, Mürren. Und er schnitzte diese Namen liebevoll – sehr schnell, aber liebevoll –, und er dachte sich dabei etwas. Es ist ihm nicht aufgefallen, dass er noch nie da war, und er starb, ohne auch nur einen dieser Orte gesehen zu haben. Es ist unwahrscheinlich, dass er den Wunsch hatte, diese Orte zu sehen – es ist wahrscheinlich, dass er den Wunsch hatte, aber es ist unwahrscheinlich, dass ihm bekannt war. Sicher hatte auch er eine Landkarte, und er hat sich die Orte auf der Landkarte gesucht, und als auf dem Kalender das Matterhorn kam, da brachte er es nicht übers Herz, das Blatt nach einem Monat abzureissen, und seither hing an der Wand der September 1924, und er wurde nach und nach blass und brüchig und gelb, vielleicht – sehr wahrscheinlich nicht, man stellt sich die Einfachen immer zu sentimental vor. Aber eine Landkarte hatte er.

Mein Grossvater hatte in seinem Garten in Zofingen einen Bananenbaum. Ich weiss nicht, ob man Bananenpalme sagt, er sagte jedenfalls Bananenbaum. Ab und zu trug er ganz kleine, embrionale Bananen. Essen konnte man sie nicht. Ich versuche mir inzwischen vorzustellen, was mit diesem Baum im Winter geschah. Eigenartig, jede Möglichkeit wird sofort zum Bild und zur realen Vorstellung: der Bananenbaum im Winter im Garten, in Zeitungen eingehüllt und in einem Torfmullberg – oder das Loch im Garten im Winter, wo der Baum ausgegraben wurde und der »Baum« im Keller mit Stroh eingewickelt oder so – ich weiss es nicht. Ich werde zwar weiterhin am Biertisch von Elefantenunterschieden sprechen – wenn es sein muss oder wenn das Gespräch die Gelegenheit ergibt –, aber ich werde mich nicht auf die Äste hinauslassen und behaupten, mein Grossvater in Zofingen habe einen Bananenbaum im Garten gehabt – ich kann es mir nicht leisten, weil ich nicht weiss, was mit ihm denn eigentlich im Winter geschah, und eines ist klar: im Winter muss mit Bananenbäumen etwas geschehen.

Ich hatte das mit Grossvaters Bananenbaum völlig vergessen. Kürzlich war ich zum ersten Mal in den Tropen. Und was mich überraschte, war, dass mich alles erinnerte. Ich kannte das bereits alles aus meinen Vorstellungen.

Die Bananenbäume sind wirklich so wie der Bananenbaum meines Grossvaters, dasselbe Grün. Und ich hatte eigentlich meinen Grossvater vergessen – hier in den Tropen erinnerte ich mich wieder an ihn. Ich wäre gern zurückgekommen und hätte meinem Grossvater gern mitgeteilt, dass sie wirklich so sind, die richtigen Bananenbäume, dass sie genauso sind wie seiner. In diesem Sinne habe ich ihn wieder einmal mehr vermisst.

Es ist etwas schwierig, wenn man weit weg ist. Man hat dann

Zeitunterschiede und ein anderes Klima, und der Mond hängt etwas anders am Himmel, und man versucht sich mit Wörtern wie Äquator oder Rossbreiten zu beeindrucken. Es ist unvorstellbar, dass mein Grossvater diese Gegend je erreicht hätte, aber er legte Wert darauf, mir von diesen Gegenden zu erzählen.

Er hatte ein Buch mit dem Titel »Vögel der Welt« und ein Buch mit dem Titel »Säugetiere der Welt« mit Farbtafeln, auf denen das transparente Metzgerpapier festklebte und so einen schönen Ton von sich gab, wenn man es abzog. Ameisenbären und Beuteltiere, Okapis und Nashörner waren ihm und mir nicht fremd, und er formte aus Ton Elefanten und Giraffen und bemalte sie mit Goldbronze.

Etwas anderes ist mir noch eingefallen in den Tropen, nämlich dass ich einmal Missionar werden wollte. Ich erinnerte mich an die Sonntagsschule und an die Lichtbildervorträge von Missionaren im Keller unserer Kirche und an einen freundlichen Mann, der uns »Weisst du wieviel Sternlein stehen« in irgendeiner Eingeborenensprache vorsang.

Ich habe daran gedacht, als ich mit denen, die man als Eingeborene bezeichnet, sprach, und ich konnte mir nicht vorstellen, was geschehen wäre, wenn man mich hierhergeschickt hätte.

Hierhergeschickt übrigens mit dem Geld meines Grossvaters. Er war ein sehr frommer Mann, und er muss sehr viel Geld für die Mission gespendet haben, und seine Frau hat für den Missionsbasar gestrickt und gehäkelt, ein Leben lang. Meine Grossmutter war keine lebensfrohe Frau. Sie war sehr prüd. Irgendwie muss sie aber dauernd Lendenschürze vor ihren Augen gesehen haben. Ich kann mir das kaum vorstellen. Der Bananenbaum vor Grossvaters Haus muss auch – irgendwie – mit Mission zu tun gehabt haben.

Ich habe mich vorsichtig erkundigt nach christlicher Mission bei Hindus und Buddhisten, und ich habe vorsichtige Antworten bekommen, höfliche Antworten, keine Ablehnung.

Einer wusste, dass sie von ihnen die Schrift haben. So alles nur schlecht haben sie nicht gemacht.

Ich hätte ihm lange erzählen müssen, nach meiner Rückkehr. Er hätte – da bin ich sicher – seinen Atlas geholt und die Tierbücher, und ich bin fast sicher, dass er mich nicht gefragt hätte nach der Mission.

Mein Grossvater war ein interessierter Mann, und er war bescheiden und fromm. Ich kann mir ihn nicht vorstellen als Tourist, unvorstellbar, dass er gereist wäre – kein Matterhorn, kein Niagarafall, keine Akropolis.

Erdnüsschen und Orangen hatte er nicht nur gern. Er hat sie verehrt. All das mit Afrika und Südsee und so gehörte irgendwie mehr zu seiner Welt als zu meiner. Irgendwie hat er sich von Mission mehr versprochen als von Christentum, und von Geographie und Zoologie mehr als von Politik.

Die Tropen haben mich an meine Kindheit erinnert, nicht etwa an Bubenträume, vielmehr an die Träume meines Grossvaters. Sie sind so etwas wie eine alte Welt, wie eine Welt, die man vor vierzig Jahren beschrieben bekam.

Wenn Touristen davon sprechen, dass dies mit Bali bald vorbei sein werde, dann trauern sie eigentlich nichts anderem als der Welt ihrer Grossväter nach. Die Entwicklungsländer haben darunter zu leiden, dass mein Grossvater in seinem Garten einen Bananenbaum hatte und dass er Erdnüsschen verehrte, und vielleicht, ich weiss nicht –

Nichts gegen meinen Grossvater, ich mag ihn.   10. 12. 77

Die Kenner

Ich hätte keinen Vorschlag, sie zu verbessern, aber Flughäfen gehören zum Misslungensten, was sich Menschen gebaut haben. Das liegt nicht an der Unfähigkeit der Menschen, sondern das liegt ganz einfach daran, dass wir mit dem Fliegen nicht fertig werden.

Ich habe nicht nur keinen Vorschlag zur Verbesserung, sondern ich habe nicht einmal eine Kritik an Flughäfen, es scheint so, dass sie funktionieren, und ich bin auch jedes Mal weggekommen und auch wieder angekommen. Aber nirgends so wie in Flughäfen interessiert mich die Meinung späterer Archäologen so sehr. Ich möchte wissen, ob und weshalb sie staunen, wenn sie unsere Flughäfen in zwei- oder dreitausend Jahren ausgraben.

Es scheint so, dass das Fliegen den Hauch des Aussergewöhnlichen behalten wird und nie so selbstverständlich werden wird wie die Eisenbahn oder das Auto.

Es müsste also so sein, dass wir uns nirgends so ungeschickt bewegen wie auf einem Flughafen, weil Flughäfen für uns aussergewöhnlich sind.

Kürzlich habe ich im Flughafen zwei Ungeschickte gesehen. Erst sie haben mich darauf aufmerksam gemacht, wie selten die Ungeschickten hier sind. Ein älteres Ehepaar – etwa so wie man sich Leute vom Land vorstellt –, ich glaube nicht, dass sie Angst hatten, Angst vor dem Fliegen mein ich, aber sie waren ängstlich.

Sie wussten ganz einfach zum voraus, dass sie hier alles falsch machen würden, und das taten sie auch. Sie kamen sich vor wie Eindringlinge in die Welt des Gunter Sachs, und entsprechend wurden sie von den vielen Gunters hier auch angeschaut.

Jedes Reisebüro, jeder Reiseleiter, bestimmt auch der Sohn,

der ihnen die Flugkarte geschenkt hatte, jeder hätte ihnen mit Recht gesagt, dass Fliegen gewöhnlich ist und ein Flughafen eine Art Bahnhof und dass sehr viele und eigentlich fast alle Menschen fliegen. Das sagen auch die Fluggesellschaften, und sie bemühen sich auch ein wenig um Menschen, denen es ein bisschen schwerer fällt; aber letztlich ist ihr Geschäft halt dann doch der Duft der grossen weiten Welt – und gerade der Geschäftsmann, der wöchentlich und täglich fliegt, möchte zu allerletzt darauf verzichten. Jedenfalls ist der Ausdruck Jet-Set eine präzise Erfindung, und eigentlich trifft sie den Jet noch genauer als das Set.

Die beiden Alten vermiesten selbst mir anfänglich mein Jet-Set-Gefühl, ich meine die kindische Whisky-und-Welt-Vorstellung, und ich solidarisierte mich mit ihnen erst, als mir auffiel, dass dieselben Blicke der Gunters auch mich trafen, dass ich also offensichtlich auch ... Immerhin – und das ärgert mich nachträglich – ich machte alles richtig: ich erhob mich erst beim zweiten Aufruf von meinem Sitz, ich ging langsam und gemessen, ich wusste, was mit meiner Bordkarte geschehen würde, und selbstverständlich kein Fensterplatz.

Die beiden Alten haben Flugzeug und Ziel genauso erreicht wie ich, insofern haben sie also offensichtlich alles richtig gemacht – was machten sie denn falsch? Ganz einfach, sie interessierten sich: sie fragten, fragten noch einmal, erkundigten sich, beachteten die Hinweistafeln, beachteten sie noch einmal, sie gaben ganz einfach zu, dass ihnen die Welt – und nicht nur diese Welt – nicht selbstverständlich ist. Sie waren keine Kenner, keine Connaisseurs. Der Trick, die Welt als langweilig zu nehmen, ist ihnen unbekannt, sie haben ihr Verhalten nicht im Kino gelernt.

Das ist es wohl, was Flughäfen als so misslungen erscheinen lässt. Weil es Orte sind für Menschen, die so tun, als wäre ihnen alles selbstverständlich, die einen Whisky bestellen, wie wenn sie keinen möchten, für die Abflug und Ankunft dasselbe ist, die jeden für einen hoffnungslosen Anfänger halten, der beim Abflug zum Fenster hinausschaut, für Leute, die keine Fragen haben, Orte für Connaisseurs, Orte der blankgeputzten Langeweile.

Ich beneide sie, die beiden Alten. Ich möchte gerne so wie sie. Aber das ist nicht mehr rückgängig zu machen, dass ich Whiskymarken kenne und sogar weiss, dass Maltwhisky was ganz Besonderes ist und Bourbon was anderes, dass ich von chinesischer Küche zwar nichts verstehe und trotzdem nicht allzulang in der Karte rumlese und ja keine Fragen stelle. Ich verstehe etwas von Wein, Herkunft und Jahrgängen, und etwas von Tabakpfeifen und von Tabaken, und ich kenne nicht nur die Gerichte, die meine Mutter gekocht hat. Es erschüttert mich nicht, in der Eisenbahn Erste Klasse zu fahren – und ich habe das alles wirklich nicht gewollt, und es hat mich alles auch anfänglich sehr überrascht.

Dabei ist das alles noch gar nicht so lange her. Es ist mir erst seit kurzem selbstverständlich, der Whisky, die Erste Klasse, die Kenntnisse über Wein und Tabak. Ich war zweiunddreissig, als ich zum ersten Mal dabei war, als ein teurer alter Wein »Zapfen« hatte. Ich hatte zwar vorher schon gehört, dass es das gibt, aber nie geglaubt, dass jemand den Mut hätte – oder die Selbstverständlichkeit –, es festzustellen.

Inzwischen gelingt mir das auch, und ich möchte gern darauf verzichten. Ich würde es vorziehen, wenn man roten Wein Rotwein nennen würde und den weissen Weisswein, sich freuen würde, wenn er gut wäre, und wäre er schlecht, würde man sich nicht an bessern erinnern.

Als ich irgendwo in Amerika mal fragte, wie denn diese grossen schwarzen Vögel hiessen, da bekam ich zur Antwort: »Es gibt viele davon.« Ich sagte, ja das wisse ich, aber ich möchte wissen, wie sie heissen: »Wir nennen sie ›black birds‹.« So ist das dort, die schwarzen Vögel heissen eben Schwarze Vögel, und alle Pilze heissen Pilze (Mushrooms), und als ich mich mal nach dem Namen einer Nuss erkundigte, die ich bei uns noch nie gesehen hatte, wurden mir Geschichten über diese Nüsse erzählt, aber wie sie heisst, wussten sie nicht, halt eben Nuss.

Ich hielt es für Gelangweiltheit. Nun, hinterher, bin ich nicht mehr so sicher, ob es nicht Absicht ist, die Dinge nicht zu benennen.

Ich möchte zwar gerne wissen, wie die Berge und die Bäume und die Blumen heissen. Aber dann möchte ich auch wissen, wie der Wein heisst, den ich trinke, und woher er kommt. Und dann möchte ich ihn unterscheiden können. Und dann möchte ich wissen, wie das ist auf einem Flughafen, und das ist so einfach, dass man es gleich schafft, weil man es eigentlich schon kennt, und ohne zu wollen wirst du zum Kenner und erwachst als Connaisseur und bist eingestiegen in die internationale Langeweile.

Wie gesagt, ich habe keine Vorschläge für Flughäfen. Vielleicht werden sie den kommenden Archäologen ein richtiges Bild von unserem Leben vermitteln, leider.

Vielleicht hat das auch Methode, und irgendwer will, dass wir zu gelangweilten Kennern werden, die sich nichts anmerken lassen.

Übrigens, wenn es nur das wäre, ich fahre stets Zweite Klasse, aber ich kenne die Erste, das ärgert mich, und übrigens, es gibt noch ein paar Dinge, die ich noch nie gegessen habe, es gibt eine grosse Stadt in der Nähe, die ich noch nie gesehen habe – alle wollen, dass ich mal hingehe, und drängen mich; ich wusste bis jetzt nicht, weshalb ich mich grundlos weigerte. Ich möchte eigentlich gern etwas verpasst haben.
                                                          7. 1. 78

Zwischen Weihnachten und Neujahr ein Brief: ». . . nun halt mich bitte nicht für total übergeschnappt, aber ich habe mein Leben ein wenig verändert. Ich bin auf dem besten Wege, Kunstreiterin zu werden. Ich hatte mich längere Zeit von einem Zirkus engagieren lassen und habe dort viel lernen können und will nun an einer eigenen Nummer arbeiten, Hohe Schule, Du kennst das sicher, das Pferd tanzt mit dem Reiter . . .«

Sicher, sie ist verrückt, war sie immer, nicht etwa hysterisch, sondern ganz sanft und beängstigend verrückt, und man konnte nicht sehr damit renommieren, ihr Freund zu sein, und sie diskutierte viel und machte Pläne, Pläne, sich umzubringen vor allem, dann auch all die andern Pläne, ein Kabarett, eine Beiz, eine landwirtschaftliche Kommune, einmal auch und immer wieder, sich Tanzbären zu kaufen und zum Zirkus zu gehen. Ich weiss nicht, ob sie reiten konnte damals, sie sprach nie von Pferden. Sie war erfolgreich in ihrem Beruf, ein künstlerischer Beruf, aber sie war schon etwas zu alt, um noch erfolgreicher zu werden, und sie hatte den Ruf – den berechtigten –, verrückt zu sein, und eigentlich wollte niemand mehr mit ihr etwas zu tun haben, denn das ist halt ein Risiko mit Verrückten, und als ich sie kennenlernte, vor Jahren, hatte sie eben mit Hilfe von sehr viel Alkohol beschlossen, sich umzubringen, und hätte sie es getan, niemand hätte es verwundert.

Jedenfalls war sie schon damals nicht mehr in dem Alter, in dem man vom Zirkus träumt. Inzwischen kamen zwei Briefe, einer aus einer Kommune irgendwo, dann später einer, dass sie jetzt Assistentin eines Filmregisseurs sei – ich kann den Namen nicht erwähnen, er würde die Geschichte unwahrscheinlich machen –, und dann lange wieder nichts mehr, und jetzt – jetzt kenn' ich eine Zirkusreiterin und bilde mir ein, ohne jeden Grund, etwas damit zu tun zu haben.

Dabei, Zirkus gibt es gar nicht mehr. Ich hatte Zirkus vergessen. Zirkus gibt es nur, solange man den Wunsch hat, zum Zirkus zu gehen. Nun geht die einfach, die Kuh, und macht die übelsten deutschen Schlager wahr, die spinnt.

Sie trinke auch nicht mehr, schreibt sie, weil sie sonst vom Pferd falle, und im Augenblick, es ist Winter, braucht sie Geld für das Pferd, weiss-grau, Apfelschimmel. Sie schreibt nichts davon, dass Zirkus schön sei, und sie schreibt nichts davon, dass Zirkus hart sei, nichts davon, dass es ihr gutgehe oder schlecht – keine Zeile Literatur, kein deutscher Schlager. »Halt mich bitte nicht für total übergeschnappt«, ich glaube, sie meint das so, wie sie es schreibt – vor Jahren noch legte sie Wert darauf, verrückt zu sein.

Eine Geschichte – Geschichten sind selten geworden, wahre Geschichten sind sehr selten geworden.

Vor Jahren gab es ein Schundheftchen an Kiosken mit dem Titel »Wahre Geschichten«, und im Sommer werden wieder Tausende möglichst weit reisen, um wahre Geschichten zu erleben, und sie werden die Wahrheit mit einem Druck auf den Knopf ihrer Kamera quittieren.

Kürzlich traf ich ein Mädchen, das sämtliche Bücher der Courts-Mahler nicht nur gelesen hatte, sondern durch und durch kannte. Vor Jahren wäre das nichts Besonderes gewesen, heute macht sie den Eindruck eines literarischen Snobs. Sie hat mir erzählt, wie sie dazu kam, Courts-Mahler zu lesen. Der Lehrer in der Gewerbeschule wollte den Schülern erklären, was Kitsch ist, und brachte einen Text von ebendieser schönen Autorin mit. Ihr hat es gefallen. Verdammt noch mal, ich finde das gut. Ich finde gut, dass es ihr gefallen hat. Lesen ist gar nicht so einfach. Wenn sie das ganze Werk der Courts-Mahler gelesen hat – ich mache jede Wette –, dann hat sie mehr gelesen als ihr Gewerbelehrer und, das kommt noch dazu, sie liest inzwischen auch anderes.

Jedenfalls erinnere ich mich, dass der Kampf gegen Schund und Kitsch das grosse pädagogische Anliegen war, als ich aus dem Seminar kam. Wir waren überzeugt, dass die Qualität des Lebens ein ästhetisches Problem ist, und ich fürchte, wir hatten damit ein bisschen Erfolg. Nur diese dumme Kuh geht zum Zirkus. Mich freut das. Nicht nur weil sie geht, sondern weil man noch gehen kann. Nur eben, Lehrer werden daraus nichts lernen können, weil schliesslich nicht alle gehen können.

Ein anderer wird jetzt Maler, mit fünfzig, ein erfolgreicher Geschäftsmann. Man sagt, er sei bereits pleite. Aber dieser wird eben ein richtiger Kunstmaler und hat begriffen, was sein Lehrer gemeint hat mit dem Unterschied zwischen Kunst und Kitsch. Und es ist sehr traurig, und niemand wagt ihm zu sagen, dass er kein Maler ist, keiner werden kann und dass es nicht dasselbe sei, wenn man Van Gogh verkannt hat und wenn man ihn verkennt. Im übrigen, der Mann hätte das Zeug dazu, etwas Saudummes zu tun, aber eben, er hat eine Ahnung von Kultur und wird ihr Opfer werden. Und diese dumme Kuh geht zum Zirkus. Ich finde das schön.

Und darauf gekommen ist sie durch Kinderbücher, durch schlechte Kinderbücher, durch Schlager und Chansons, durch irgendwelche Literatur vielleicht, und in den Kinderbüchern gehn die Kinder zum Zirkus und um die Welt herum und auf Schiffe und haben Laubflecken auf der Nase und sind sehr frech und werden etwas ganz Besonderes – die Welt, die die Menschen erfinden, ist ganz lustig. Eigenartig, dass sie sie zwar erfinden können, aber dass sie ihnen trotzdem nicht gelingt. Es besteht der Verdacht, dass Kultur ein Ordnungsfaktor ist und dass der Kitsch nicht ohne Grund verhetzt wird.

Und noch etwas ist mir nach diesem Brief aufgefallen: dass es nämlich nicht wahr ist, dass ich je einmal zum Zirkus wollte. Ich hätte es sicher nicht getan, weder damals noch heute. Ich fühlte mich einfach verpflichtet – wie alle andern auch –, solche Wünsche zu haben. Man hat mich mit Wünschen betrogen, die nicht eigentlich meine sind.

Aber es ist dann doch ein kleiner Trost, wenn es Leute gibt, die wirklich zum Zirkus gehen, wirklich diesen Wunsch haben.

Und sie ist keine dumme Kuh.

Nur – das fällt mir noch ein – ich mag Pferde nicht sehr.

21. 1. 78

Entfremdete Freizeit

Als der Riesenslalom übertragen wurde, war ich weg – irgendeine Sitzung –, und jeden, der neu dazukam, hat man gefragt, wer denn gewonnen habe. Endlich kam einer, der es zufällig gehört hatte und der sagte, er glaube, es sei ein Norweger gewesen; »ein Schwede wohl«, korrigierte man, und er sagte: »Ja, vielleicht ein Schwede!« – »Stenmark?« – »Weiss ich nicht!«
Ich habe mich erst geärgert, weil er's nicht wusste. Weil man so etwas einfach weiss und weil es immerhin eine Information ist, und weil es immerhin so lange wichtig ist, bis man es weiss.
Ich jedenfalls weiss sehr viel über ihn, er ist still, zurückhaltend, bescheiden, intelligent, angenehm – und vielleicht ist er das. Er ist fair, anständig, unheimlich talentiert, seriös, sauber – warum soll er das nicht sein? Eine Ausnahmeerscheinung, ein Phänomen, und er trägt schwer an seiner Favoritenrolle.
Also.
Dann hat man aber auch davon gesprochen, dass Skirennen eigentlich langweilig seien, dass man eigentlich genug davon habe, dass man eigentlich froh sei, dass es jetzt dann wieder vorbei sei, und sehr telegen seien sie eigentlich nicht, und man verpasse nicht viel, wenn man sie verpasse. Jedenfalls, wenn man sie verpasst, verpasst man sie endgültig. Die Spannung ist kurz, und sie wirkt nur live.
Angenommen, nur angenommen, das Publikum würde wirklich nach und nach aussteigen, sich nach und nach wirklich nicht mehr für Skirennen interessieren – einfach so, sich für irgendeinen anderen Sport interessieren –, nur angenommen, würden sie dann wohl verschwinden, unbedeutend werden und im Fernsehen nicht übertragen werden?

Kaum – denn interessiert dafür, wirklich interessiert, habe ich mich eigentlich nie. Sie sind mir aufgedrängt worden. Eine Information, die man eben konsumiert, niemand kommt darum herum, die Namen Russi und Morerod und Hemmi und Zurbriggen und Nadig zu kennen – und die neuen werden wir alle bald lernen. Und den Reporter finden wir schlecht, weil er so wenig versteht davon – viel weniger als wir –, und was wir verstehen davon, haben wir von ihm gelernt.

Nicht umgestiegen, auf dem falschen Ski stehengeblieben, in Rücklage geraten, Schwung verloren, zu tief gekommen, Ideallinie verpasst – ich sehe das oft schneller als der Reporter, dieser Langweiler, und ich verstehe nichts davon, und ich möchte gar nicht, dass es mich interessiert. Ich bin sogar ein Fachmann geworden, ein nichtskifahrender Pseudofachmann. Die Propaganda einer Industrie, die mir ihre Produkte nicht verkaufen kann, hat mich voll und ganz erreicht, und ich weiss sogar, wann das nächste Skirennen sein wird.

Ich mache niemandem einen Vorwurf, weder den Fahrern noch dem Fernsehen, noch dem ganzen Zirkus. Ich weiss, dass ich keine Chance habe mit einer Klage wegen Belästigung. Ich bin, so wird man mir sagen, absolut frei in meinem Entscheid, mich zu interessieren oder mich nicht zu interessieren – aber bin ich das wirklich?

Habe ich die Freiheit wirklich, Informationen frei zu wählen? Habe ich die Freiheit, zu entscheiden, was mich wirklich interessiert und was nicht?

Vielleicht wäre ich ein Mensch, der sich gerne langweilen würde, aber gerade dort, wo meine Fähigkeit zur Langeweile liegt, sind sie eingestiegen, die unerwünschten Informationen.

Ich plädiere nicht für die heroische Tapferkeit, keinen Fernseher zu besitzen. Ich meine nicht das stille Leuchten auf dem Gesicht eines Sekundarlehrerehepaars, das erklärt: »Wir haben keinen!«

Ich meine auch nicht jenen, der nicht einmal weiss, dass der Stenmark heisst und Schwede ist. Ich glaube sogar, dass man das wissen sollte, und ein regelmässiger Zeitungsleser kommt ohnehin nicht darum herum.

Ich habe überhaupt keinen Vorschlag zur Verbesserung. Ich finde es nur sehr traurig.

Ich komme mir betrogen vor – weil das, was ich mein Interesse nenne, offensichtlich nicht mir gehört.

Ich interessiere mich nicht – ich werde interessiert. Ob auch da böse Mächte mit im Spiel sind? Kaum oder sicher – es kommt auf dasselbe heraus.

Ich stelle nur fest, dass mich nach und nach auch meine Interessen langweilen, sie sind zu strapaziert.

Und dass ich nach und nach Mühe habe, mich wirklich zu interessieren.

Es gibt in der Arbeitswelt den Begriff der entfremdeten Arbeit, man spricht davon, wenn ein Arbeiter die Zusammenhänge, in denen seine Arbeit steht, nicht mehr erkennen kann.

Gibt es nicht mehr und mehr auch so etwas wie eine entfremdete Freizeit?

Gibt es vielleicht auch Skifahrer – ich meine jetzt Hobbyskifahrer –, die gar nicht Ski fahren möchten? Vielleicht, ich weiss es nicht.

Eines scheint mir sicher, Reklame und Propaganda erreichen mich auch in meinem Privatesten, auch dort, wo sie mich vorerst kein Geld kosten – und genau dort sind sie am schwersten zu erkennen.

Ich habe jedenfalls keine Ahnung, ob ich mich für Skirennen interessiere. Ich weiss nur, dass ich mittags nach Hause gehe und das Rennen anschaue.

Eines jedenfalls ist sicher, ob uns das interessiert oder nicht, wir haben mit Skirennen zu leben.

Brot und Spiele? Den Römern hat man eine Absicht untergeschoben. Wir aber sind sicher, daß es nur Zufall ist. Man hat

uns beigebracht, wie frei wir sind, und wir glauben es
– entfremdete Arbeit, entfremdete Freizeit, entfremdete
Freiheit.   25. 2. 78

Der Aktuar

»Wer das Protokoll genehmigen will, möge das durch Handerheben bestätigen. Das Protokoll ist einstimmig angenommen, ich danke dem Aktuar für die gewohnt zuverlässige Abfassung.«

Und der Aktuar schreibt: »1. Protokoll: Protokoll genehmigt.« Eben hat er sein letztes abgeliefert und das nächste kommt auf ihn zu: »Sitzung des Vorstandes im Säli des Rest. Rössli, am 13. Februar um 20.15 h – anwesend, entschuldigt, Traktanden, die Traktandenliste wird genehmigt, Protokoll genehmigt und verdankt« usw.

Ich möchte wissen, wie viele Protokolle in diesem Land am heutigen Abend verlesen werden, genehmigt werden, notiert werden, wie viele heute ins Reine geschrieben werden – und wie viele Aktuare in diesem Land heute leiden, weil sie übermorgen wieder eine Sitzung haben und das Protokoll noch nicht geschrieben ist, wie viele Aktuare heute abend ihre Frau anbrüllen, weil sie die Notizen zum Protokoll nicht mehr finden, wie viele sich wieder einmal endgültig entscheiden, das Amt des Aktuars nun doch niederzulegen, und wie viele heute abend mit Schmeicheleien dazu überredet werden, es doch noch ein Jahr weiterzumachen?

Wieviel Papier wird wohl heute abend mit Protokollen vollgeschrieben, wie hoch würde der Turm, wenn man alle aufeinanderbeigen würde – oder wie viele Tannen, wieviel Wald benötigt man zur Herstellung des entsprechenden Papiers?

Nichts Geschriebenes macht mich so traurig wie Protokolle.

Irgendwo liegt noch ein Stoss von Protokollen, die ich vor Jahren verfasst habe. Ich habe vergessen, sie abzuliefern, als ich jene Kommission verliess. Niemand vermisst sie, und nie wird sie jemand vermissen. Trotzdem das unnötig schlechte Gewissen, eine klaffende Lücke in der Geschichtsschreibung dieser Welt verschuldet zu haben. Selbst wenn ein Gott sich dafür interessieren sollte, könnte er es nicht mehr rekonstruieren, und die Legalität der Wahl des damaligen Präsidenten ist nicht mehr nachweisbar.

Wer kümmert sich schon darum? Er lebt nicht mehr, und die Sache mit dem Dank der Gemeinde war so viel Routine wie die Abfassung des Protokolls. Auch der Präsident hat keine Spuren hinterlassen. Er hat seine Arbeit recht gemacht, und was er verwaltet hat, das gibt es heute noch, und die Kommission tagt, und die Protokolle werden geschrieben, sauber geschrieben und verlesen und abgelegt und wieder geschrieben.

Und einer muss es halt tun – ungern, aber es muss getan werden. Und es leuchtet ein, dass es getan werden muss. Denn irgendeinmal könnte irgend etwas passieren, was irgendeinmal nachgelesen werden müsste. Und wo käme man hin ohne Protokoll. Erstens: Appell. Zweitens: Protokoll. Drittens: Orientierung. Viertens, Fünftens. Sechstens: Verschiedenes. Schluss der Sitzung: 10.25 h.

Und die Sache mit der Mitgliederwerbung und die Sache mit der verbesserten Information und die Klage darüber, dass die Jungen nicht wollen. Wer nicht will, ist unanständig, und die selbstlose Anständigkeit, ein Protokoll zu verfassen – und der Ärger darüber und die Frau, die zu Hause angebrüllt wird. Und die selbstgefällige Klage über den Terminkalender und über die Grenzen der Belastbarkeit, und das Aufwachen nachts um zwei und erinnern, dass das Protokoll noch nicht geschrieben ist – und das alles nur aus einem Grund, weil es sein muss.

Und es muss sein.

Würde er jetzt sterben – zwischen der 28. und 29. Sitzung des gegenwärtigen Vorstands –, dann wäre das Protokoll nicht geschrieben, dann würde es vielleicht nie geschrieben, weil keiner die Notizen findet oder weil sie keiner entziffern kann.

Ich frage mich, ob wohl schon einer dafür gestorben ist. Ich könnte es mir vorstellen. Dann wäre er für nichts gestorben, so wie er vorher für nichts seine Protokolle geschrieben hat.

Übrigens ist es gar nicht so schlimm, und es gibt wesentlich weniger zu tun, als man glaubt. Jeder Aktuar teilt das seinem Nachfolger mit. Daran ist noch keiner zugrunde gegangen, daran nicht. Und werden wollte es wohl auch noch keiner, aber man war jedem dankbar, der es übernommen hat, und es ist anständig, Protokolle zu schreiben, und einer muss es tun.

Mehrere tausend Seiten erknorzte Literatur in diesem Land, Tag für Tag. Und vielleicht wird das Wort »approximativ« fünf- bis sechshundertmal pro Tag in diesem Land im Duden nachgeschlagen und vielleicht auch das Wort »Absenz« (in meinem Duden steht es nicht einmal drin) und vielleicht auch ab und zu das Wort »Bahnhofbuffet«.

Und vielleicht wird das Ganze noch auf eine Matrize (nachschlagen!) geschrieben und allen vor der nächsten Sitzung versandt, und vielleicht löst es nur Unlust aus, weil es daran erinnert, dass schon wieder eine Sitzung stattfindet -- und wieder ein Protokoll.

Otto – Mitglied des Vorstands – hat sich kürzlich eine Schreibmaschine gekauft. Er verkehrt mit dem Präsidenten nun ab und zu schriftlich: »Wie angekündigt, dass die Generalversammlung ungünstig liegt, komme ich zurück darauf, dass neues Datum vorschlagen werde.« Kein einziger Rechtschreibefehler! Wort für Wort kontrolliert! Otto hat jetzt auch ein Büro, und nach und nach einen Hang zum Bedeutenden – und nächstens, das ist ihm sicher, wird er hereinfallen auf das Amt des Aktuars, und es wird ihn freuen vorerst und dann nach und nach verbittern, denn er wird mehr und mehr seine nächtelange Anständigkeit, Protokolle zu schreiben, überschätzen.

Ich frage mich, ob ein Historiker, der in zweihundert Jahren sämtliche Protokolle liest, die heute abend in diesem Land geschrieben wurden, sich ein Bild machen könnte von unserer gegenwärtigen Welt. Und ich bin fast überzeugt, er könnte es nicht. Er würde die Gewichte falsch setzen und wohl kaum etwas darüber erfahren, was uns wirklich beschäftigt hat an diesem 13. Februar. Was für Filme gelaufen sind, ob sich jemand in jemanden verliebt hat, wie das Wetter war und wer den Föhn nicht ertrug. Er wird nichts davon erfahren, dass Tausende an diesem Tag in diesem Land darunter gelitten hatten, dass sie schon wieder eine völlig unnötige Sitzung besuchen mussten, und er wird nicht erfahren, auf was sie dafür zu verzichten hatten.

Aber vielleicht wird ihm auffallen, dass immer derselbe, immer derselbe diese Protokolle geschrieben hatte – eine Unperson mit wenig eigenem Stil; der Aktuar, und vielleicht kommt er zu der absolut irrigen Meinung, dass das ein einzelner Mann war.

Vielleicht sucht er dann diesen einen, der das alles gemacht hat, und findet einen Mann in Bern, der sich Protokollchef nennt, also der Chefprotokollist –, und findet dann heraus (selbstverständlich irrt er sich), dass dieser sich mit dem diplomatischen Ritual befasst. Und wenn er darauf reinfällt, dann wird er unsere Protokolle für Religion halten. Die Frage ist, ob ihm dieser Irrtum ein richtiges Bild unserer Zeit vermitteln wird. Vielleicht? 1. 4. 78

Wo wohnen wir?

In der Stadt ist Monatsmarkt, immer am zweiten Montag des Monats, seit Jahrhunderten. Die Bauern sind in der Stadt. Sie kaufen keine Kälber mehr hier, und sie führen ihre Prachtskühe nicht mehr vor. Hosenträger gibt es noch zu kaufen, aber sie sind nicht mehr das grosse Geschäft. Eigentlich sollten die Bauern andere Bauern sein, als es die Bauern vor Jahrzehnten waren. Sie haben zu Hause dasselbe Fernsehen wie wir in der Stadt, sie sehen dasselbe »Laufende Band« und – weiss der Teufel, es ist traurig – auch sie mögen ihn und es.
Sie haben zu Hause Maschinen, moderne Maschinen, und sie verstehen was von Motoren –
aber, und das überrascht mich, sie sind noch Bauern, und man erkennt sie hier in der Stadt. Sie tragen Hüte, nur noch vereinzelt Rucksäcke. Aber es ist nicht die Äusserlichkeit, an der man sie erkennt. Sie kaufen die Kleider im gleichen Laden wie wir, sie fahren die gleichen Autos – aber man erkennt sie. Vielleicht sind sie etwas breiter als wir. Sie sitzen etwas mehr als wir, wenn sie sitzen; sie schauen sich gegenseitig etwas mehr an, wenn sie sich anschauen; sie legen ihre Hände etwas mehr auf den Tisch, wenn sie die Hände auf den Tisch legen. Sie sind etwas mehr hier, wenn sie hier sind.

In einigen Tagen gehe ich nach New York. Ich weiss nicht recht weshalb. Ich habe mich vor Jahren entschieden, dass mir New York gefällt. Ich habe behauptet, dass ich dort auflebe, dass ich dort lebe, dass – ich weiss nicht, vielleicht ein Betrug. Ich kann die Sprache nicht gut, ich nehme eigentlich gar nicht teil am Leben in New York. Ich kenne New York gar nicht, ich stelle es mir vor und wähle es mir aus. Vielleicht ist das einzige, was mir Spass macht, weg zu sein, weit weg zu sein.

In Bangkok erzählt mir ein Nicht-Zuhälter, eher Anreisser oder so etwas, dass ein Deutscher Jahr für Jahr hergekommen sei für mindestens sechs Wochen und jedes Mal für die ganze Zeit dasselbe Mädchen gehabt habe. Letztes Jahr sei er wiedergekommen, aber das Mädchen war nicht mehr aufzutreiben. Niemand wusste, wo es geblieben war. Der Deutsche sei am selben Tag zurückgeflogen. Ein Arbeiter vielleicht. Ein ganzen Jahr Arbeit für sechs Wochen Leben. Leben weit weg, Leben ohne Sprache, ohne Politik, ohne Information, ohne Fernsehen auch, ohne Kegelklub und Männerchor – ein kleines aber ganzes Leben in Bangkok.

Die Bauern sind in der Stadt. Einer spielt die Handorgel in der Wirtschaft. Ich kenne das Stück, das er spielt, wir kennen es alle – den Bauern aber gefällt es, es gefällt ihnen immer wieder. Es gefällt ihnen hier. Sie leben hier in der Gegend, und diese Stadt ist mehr ihre Stadt, als es unsere ist. Sie denken nicht daran, von hier wegzukommen.
Ein armer Bauer sieht nicht so aus wie ein armer Arbeiter. Ein reicher Bauer sieht nicht so aus wie ein reicher Unternehmer. Warum?

Ich lebe gern dort, wo sie Englisch sprechen – einfach so, vielleicht weil ich mich dabei als anderer fühle. Ich halte W. kaum mehr aus, wenn er von Griechenland schwärmt. Er kennt dort alle im Dorf, und alle kennen ihn und klopfen ihm auf die Schulter – ein Dorf abseits selbstverständlich. Einer geht Jahr für Jahr nach Kenia. Das einzige, worauf er sich freue, sagt er. Und einer, ein Politischer, geht nach Italien – Italien ist die Hoffnung, sagt er.
Und in der Wirtschaft in der Stadt spielt der Handorgelspieler, und er spielt für die Bauern.

F. ist ein Trinker. Er vertrinkt sein Geld. Er wird nicht wegkommen. Er hat seine Abenteuer hier und muss für sie –

hier – ins Gefängnis. Er hat Tätowierungen, aber er wird nie ein Seemann werden. Was er hat, das wenige, was er hat, hat er hier – und alles, was er nicht erreichen wird, wird er hier nicht erreichen. Aber immerhin, er ist hier und nicht anderswo. Er ist hier wenig, aber er ist etwas. Auch er gehört mehr hierher als wir alle.

Der Männerchor sucht Mitglieder, der Turnverein sucht Mitglieder, die Dorfmusik sucht Mitglieder. Aber wer will hier noch teilnehmen. W. nimmt in Kreta teil, ein anderer liebt Kenia, und einer hätte ohne Italien keine Hoffnung mehr. F. nimmt überhaupt nicht teil, er lebt zwar hier, und er bleibt hier, aber er trinkt.
Die Partei sucht Mitglieder, aber wer will sich schon um Dinge kümmern, in denen er zwar wohnt, aber nicht lebt.
Unsere Hoffnungen sind anderswo, unsere Freude ist anderswo, unsere Sehnsucht ist ausgewandert.
Wir verdienen unser Geld noch hier. Wir schlafen noch hier und essen noch hier, und wenn wir es nicht mehr aushalten im Winter, dann gehn wir und essen chinesisch.
Wenn Kultur eine Sehnsucht ist, die unbestimmte Sehnsucht nach »Mensch-Sein«, dann gibt es diese Kultur in unserer Gegend nur noch für wenige. Freizeit und Freiheit und Selbstverwirklichung wird nicht mehr hier realisiert, sondern anderswo.
Das hat – davon bin ich überzeugt – nicht damit zu tun, dass sich die Leute Reisen leisten, können. Das hat damit zu tun, dass im täglichen Stress kein Mensch-Sein mehr Platz hat.
Man hat von den scheusslichen Vorstädten gesprochen, in denen nur noch geschlafen wird. Ist nicht vielleicht unsere ganze Gegend zu einer solchen Schlaf-, Ess- und Arbeitsgegend geworden, oder zu einer Fernsehgegend, zu einer Schallplattenhörgegend – zu einer Gegend ohne Kultur?
Wer wohnt denn eigentlich noch hier; wer hat hier noch seine Sehnsucht? Kultur in Schlafvorstädten?

Jedenfalls ist es eigenartig, dass wir als Reiseziel jene Gegenden auswählen, wo sich die Einheimischen das Reisen nicht leisten können. Weil hier niemand mehr wohnt, gehn wir in Gegenden, wo die Leute noch wohnen. Das trifft für Griechenland genauso zu wie für New York. Denn man kann nicht *in* der Zivilisation wohnen, sondern nur *mit* der Zivilisation, und man kann nicht *mit* Kultur wohnen, sondern nur *in* Kultur. Wo wohnen wir?

Wir verdienen hier unser Geld, mit dem wir uns anderswo zu realisieren versuchen. Wir haben hier unsere Probleme und unsere Familien und unsere Bekannten und die Steuern und den Ärger und die Arbeit und den Stress – und wir flüchten in eine Gegend, deren Probleme uns nichts angehen. Wir flüchten aus dem sogenannten Alltag. Wo aber Kultur und Alltag nicht beieinander sind, da gibt es keine Kultur.

Wir finden sie auch anderswo nicht mehr. Wir flüchten, weil wir hier keine Kultur haben oder keine wollen, und wir flüchten, weil wir dort nicht eigentlich wohnen, in eine Scheinkultur. Wir haben – ich übertreibe, ich übertreibe – ich fürchte, wir haben diese Gegend längst aufgegeben.

Oder anders gesagt, wir haben diese Gegend, wer hat diese Gegend missbraucht. 29. 4. 78

Bemerkung zum Engagement

Die Sache mit dem roten hölzernen Postauto gehört zu meinen frühesten Erinnerungen. Sie scheint unwichtig zu sein, und ich habe den Verdacht, dass sie nur wichtig ist, weil sie sich mir eingeprägt hat. Ich habe schon oft versucht, sie zu erzählen. Sie ist nicht erzählenswert, also schreibe ich sie auf.

Ich muss etwa vier gewesen sein, eines Tages stand vor unserer Tür ein Nachbarsbub – ich habe ihn als richtig gross und erwachsen in Erinnerung, vielleicht war er drei oder vier Jahre älter als ich –, er brachte mir sein hölzernes Postauto. Er sagte, dass sie umziehen müssen und dass dieses Auto im Umzugswagen keinen Platz mehr habe. Er schenkte es mir. Ich war sehr stolz darauf. Stolz darauf, dass ich derjenige war, der es geschenkt bekam, stolz darauf, es zu besitzen – möglich, dass ich daraus so etwas wie einen Kult machte.

Ein Jahr später zogen wir um – weit weg. Die Reihe war an mir. Ich bestand darauf, dass das Postauto im Umzugswagen keinen Platz habe. Meine Mutter gestand mir das zu: »Wenn du willst, dass es keinen Platz hat, dann hat es keinen Platz.« Ich nahm also das Auto unter den Arm – mein sehr geliebtes Auto –, ging zu einem Nachbarsbub und spielte das, was mich vor einem Jahr so beeindruckte, haargenau nach: »Wir ziehen um, und leider hat das Auto keinen Platz – du kannst es haben.« Er hat sich nicht besonders darüber gefreut, aber er hat es genommen. Es hat mich auch wirklich nicht sehr gereut. Die Szene war mir so viel wert, ich war nun ein Erwachsener wie jener, der es mir gebracht hatte.

Ich möchte gern wissen, warum er es getan hat, ich möchte wissen, ob auch er sich daran erinnert, ob es für ihn auch dasselbe war, das Erwachsensein.

Ich habe dem Postauto nie nachgetrauert. Ich hatte nur ein

beklemmendes Gefühl, wenn ich daran dachte, und ich mochte Dinge nicht, die mich daran erinnerten. Es gibt auch – das fiel mir kürzlich auf – ein ganz bestimmtes Rot, das ich nicht mag.

Zehn Jahre später ein ähnliches Erlebnis mit einer Briefmarkensammlung. Diesmal hatte ich wirklich ein bisschen genug davon. Ich zeigte sie einem Freund und hatte den Eindruck, dass er sie mehr mochte als ich, also verschenkte ich sie. Ich vermisse sie heute noch nicht. Möglich, dass einzelne Stücke heute etwas kosten würden, das ist mir egal.

Meine Beklemmung hat nichts mit Besitz zu tun – im Gegenteil, ich bin stolz darauf, dass es mir gelungen ist, Besitz loszuwerden, Ballast abzuwerfen. Nur, ich bin nicht mehr überzeugt, dass dies mit Verzicht und Grosszügigkeit zu tun hatte. So edel, wie es wirken sollte, war es nicht. Es war keineswegs Einübung in den Verzicht oder Einübung in die Grosszügigkeit.

Was war es denn?

Ich habe oft den Eindruck, dass ich einfach eine günstige Gelegenheit suchte, mein geliebtes Postauto im Stich lassen zu können. Einübung in den Verrat? Einübung in die verratene Liebe? Könnte sein – meine Beklemmung jedenfalls ist die Beklemmung des Verräters.

Ist es nicht vielleicht so, dass man bei einer gescheiterten Liebe viel mehr unter der eigenen Liebesunfähigkeit leidet als unter dem Nicht-mehr-geliebt-Werden?

Ist das Einüben in den Verzicht nicht auch immer ein Einüben in den Verrat?

Oder ist vielleicht der Verrat die einzige wirkliche Möglichkeit der Veränderung – der Versuch, ein anderer zu werden – ein Erwachsener zum Beispiel?

Ballast abwerfen ist etwas Schönes. Ich stelle mir Ballonfahren schön vor – aber man wirft Ballast immer endgültig ab. Wer aus dem Männerchor austritt – ein Verräter –, wird wohl kaum je wieder eintreten.

Wenn einer kommt und sagt, da war ich auch einmal und das war ich auch einmal und so war ich auch einmal – dann meint er es bitter.

Wenn einer kommt und sagt: Ich war auch einmal ein Linker, dann meint er damit nicht, dass er die Linken möge – und seine Bitterkeit beweist, dass sie ihn an etwas erinnern.

Ich weiss nicht, wie das ist bei Ballonfahrern. Ich nehme an, dass sie mit ihrem Ballast vorsichtig umgehen müssen, weil sie keinen mehr abwerfen können, wenn sie keinen mehr haben.

Vielleicht wäre Einübung in den Besitz doch wichtiger als die Einübung in den Verzicht. Vielleicht ist der Verzicht der grössere Betrug unserer Gesellschaft als der Besitz. Wer lernt, zu verzichten, der lernt auch auf seine Meinung zu verzichten und auf seine Gefühle.

Ballast abwerfen – vielleicht heisst das Leben, vielleicht heisst das älter werden, vielleicht ist das einfach so und überhaupt nicht erwähnenswert.

Älterwerden ist etwas Natürliches. Was mich daran stört, ist nur, wie früh es schon beginnt.   27. 5. 78

Einer sagt, dass sein Leben ein ganzes Buch füllen würde.
Wenn man das alles aufschreiben würde, das würde ein
richtiges Buch. Er hat das Gefühl, eine Biographie zu haben.
Und dieses Gefühl hat er, weil auch in seinem Leben Dinge
passiert sind, von denen niemand weiss, von denen seine
Frau zum Beispiel nichts weiss, Dinge passiert sind wie im
Film.

Einer sitzt da in der Kneipe mit einem Rucksack, den er am
Rücken behält in der Wirtschaft, ein kleiner Dicker mit
auffallend rotem Gesicht. Er bestellt ein Bier und schläft ein.
Jeden Monat einmal sitzt er hier, bestellt sein Bier und schläft
ein. Alle kennen ihn, niemand weiss, wer er ist. Ich habe es
einmal zufällig erfahren. »Er hat ein Recht, zu schlafen«, hat
man mir gesagt, »er ist Italiener, Bauernknecht in der Gegend,
ein lieber Mensch, ein Schweigsamer, und er ist einmal von
Neapel nach Stalingrad gelaufen und zurück.«

Einer sagt, diese Geschichte müsste man aufschreiben. Ich
habe das jetzt getan, sie heisst: »Einer, ein kleiner, dicker
und rotgesichtiger Italiener mit Rucksack hat das Recht,
müde zu sein – er ist einmal von Neapel nach Stalingrad
gelaufen und zurück.«

Einer nimmt an, dass ich englisch könne, und demonstriert
mir sein Englisch. Er kann ein Wort akzentfrei aussprechen:
»Prisoner of War«. Und er kennt die Namen der Orte, wo er
war.

Einer ist stolz darauf, dass er einundfünfzig Jahre in derselben Fabrik gearbeitet hat. Darauf hat er ein Recht.

Und das wäre alles beschreibbar und würde – wie einer
gesagt hat – Bücher füllen, und die Bücher würden aussehen
wie Biographie. Sie würden vielleicht auch Umgebung und
Landschaft beschreiben. Irgendwie und irgendwo muss er

durchgekommen sein auf seinem Fussmarsch von Stalingrad nach Neapel. Und es muss Gründe gehabt haben, dass es Stalingrad war, und die Gründe hätte man zu nennen. Nur etwas wäre nicht beschreibbar, das Schweigen, das hinter seinem Satz steht, hinter seinem Satz, der noch einfacher ist als meiner: »Ich war in Stalingrad.«

Es ist nicht Schweigen vor dem Grauen der Geschichte. Würde sein Satz heissen: »Ich war in Interlaken«, er wäre von demselben Schweigen begleitet.

Als ich hier in der Stadt vor fünfundzwanzig Jahren zur Schule ging, hatte ich ein Zimmer gemietet, bei zwei sehr alten Fräuleins – siebzig oder achtzig –, sie leben noch und sehen noch genau gleich aus. Sie sind seit fünfundzwanzig Jahren zwischen siebzig und achtzig.

Damals auch hatte ich eine grosse Verehrung für einen Schlagzeuger, für einen, so schien mir, Altmeister des Schlagzeugs: Max Roach. Er müsste längst tot sein – aber auch er hat sich nicht verändert. Ich war damals achtzehn, und er war sehr alt. Heute bin ich dreiundvierzig, und er ist dreiundfünfzig. Ich weiss nicht genau, warum mich sein Noch-Leben schockiert.

Elvis Presley ist tot. Ein Mädchen sagt mir, dass dieser Tod sie beeindruckt habe, weil er – Presley, der Erste sei (der Erste von denen), von dessen Tod sie am Tage seines Todes gehört habe. Sie hat einen Hauch von Geschichte erlebt, der alte Mann (43) ist tot. Sie hat ihn überlebt und wird ihren Enkeln erzählen können, dass sie schon gelebt hat, als eine Figur der Geschichte noch lebte. (Mein Grossvater erinnerte sich, einen Soldaten der Bourbaki-Armee gesehen zu haben, der seine Mütze am Schulterknochen seines mageren Pferdes aufgehängt hatte. Meinem Vater und mir gilt die Bourbaki-Armee seither etwas. Wir haben etwas mit ihr zu tun.)

Als Lehrer fiel mir im Geschichtsunterricht auf, dass es fast unmöglich ist, den Schülern einen Begriff vom Nacheinander der Geschichte zu geben. Es fiel mir zum Beispiel auf, dass Hitler für sie eine Figur der Geschichte ist. Und wer eine Figur der Geschichte ist, ist ein Zeitgenosse von Kleopatra und Napoleon. Und später fiel mir auf, dass nicht nur Kinder so reagieren – wir wissen zum Beispiel, dass das 18. Jahrhundert dem 17. Jahrhundert folgte, gleich nach dem 17. kam das 18. Niemand will das bezweifeln. Aber es ist halt doch nicht wahr. Aber es gibt wohl Gründe, dass wir so denken – vielleicht weil es schliesslich nur zwei Welten gibt: die der Lebenden und die der Toten und weil die Grenzen dazwischen fliessend sind.

Viel einfacher, und ich meine nicht mehr als das, Max Frisch in seinem Nachruf auf Albin Zollinger: »Das war vor zwanzig Jahren. Zollinger war damals sechzehn Jahre älter als ich: Heute hingegen (. . .) bin ich älter, als Zollinger geworden ist. Schreibe ich über den Älteren oder den Jüngern? Es ist eine seltsame Verlegenheit darin, dass ein Toter jünger ist.«
Diese Zeilen haben mich damals (1961) sozusagen ohne Grund beeindruckt, und sie sind mir sozusagen ohne Grund haften geblieben. Es gibt dazu nichts zu sagen, und es gibt daraus nichts zu folgern.
Ich weiss nicht, aber . . .

P. S. Ich habe hier viele Sätze weggestrichen und keine andern dafür gefunden, zum Beispiel diesen: »Was wären wir ohne unsern Tod.«   24. 6. 78

In meiner letzten Geschichte standen folgende völlig belang-lose Zeilen als Klammerbemerkung: »Mein Grossvater erin-nerte sich, einen Soldaten der Bourbaki-Armee gesehen zu haben, der seine Mütze am Schulterknochen seines mageren Pferdes aufgehängt hatte. Meinem Vater und mir gilt die Bourbaki-Armee seither etwas. Wir haben etwas mit ihr zu tun.«

Es war ein Satz ganz nebenbei der mit der Geschichte eigentlich fast nichts zu tun hatte. Er hätte auch heissen können: »Mein Vater erzählte davon, dass sein Vater ein Marconi-Pult besass – was das auch immer ist.«

Nun kriege ich einen Leserbrief. Ein freundlicher Mann – ich nehme an, dass er freundlich ist – schickt mir in einem Briefumschlag fein säuberlich ausgeschnitten meine Ge-schichte und am Rande stehen folgende Zeilen:

»Mein Vater – P. H., Arzt, Mellingen, geb. 1853, gest. 11918 – hatte ein Pferd von der Bourbaki-Armee. Er erzählte gern von ihm – genannt Titus –, das sehr zahm gewesen sein soll.«

Der Leserbrief, so scheint mir, verdient eine Antwort – aber was soll ich darauf antworten? Ich befasse mich nicht mit der Bourbaki-Armee, und würde ich es tun – als Historiker zum Beispiel –, die Information, dass Titus sehr zahm gewesen sein soll, nützte mir nichts. Aber wenn jemand jemandem etwas mitteilt, dann hat er einen Grund dafür – und er hat ein Recht darauf, dass ich die Mitteilung ernst nehme und ihrem Grund nachgehe.

Ich versuche es:

Hätte ich den Mann in einer Wirtschaft getroffen, und beim Bier wären wir zufällig auf die Bourbaki-Armee zu spre-chen gekommen, und ich hätte gesagt, dass sich mein Gross-vater erinnert hätte, und er hätte gesagt, dass sich sein Vater erinnert hätte, dann wäre daran nichts Besonderes. Das wäre eben ein Gespräch, wie es Gespräche gibt. Und würden wir einige Minuten zusammensitzen, wir würden uns wohl auch in Selbstdarstellung versuchen – zum Beispiel und warum nicht an diesem Thema –, und vielleicht würde ich ihn einen netten alten Mann finden und vielleicht er mich einen netten jungen. Mündlich wäre das selbstverständlich, so selbstverständlich, dass es nicht auffallen würde.

Schriftlich – da kann man nichts dagegen tun – ist es mehr, und ich habe mich über die Mitteilung, eine Mitteilung ohne Unterschrift übrigens, sehr gefreut.

Wem die Bourbaki-Armee nichts gilt, dem mag die Mitteilung lächerlich erscheinen. Mir gilt sie etwas, ohne dass ich viel weiss von ihr. Ich weiss, dass sich mein Grossvater erinnerte – er weiss, dass sich sein Vater erinnert. Er teilt mir das offensichtlich nur mit, weil ich ihn mit der Erinnerung meines Grossvaters an die Erinnerung seines Vaters erinnerte. Der Inhalt seiner Mitteilung ist nichts anders als Erinnerung – Erinnerung, die auch dann wertvoll ist, wenn sie zu nichts nütze ist, Erinnerung an und für sich.

Das »Weisst-du-noch?« der alten Männer nachmittags um vier am Stammtich leitet selten eine Geschichte ein. »Weisst Du noch, wie heiss der Sommer damals war.« »Im August 1934 waren wir doch zusammen mit dem Fritz auf dem Weissenstein.« »Da, wo heute das Photogeschäft ist, war doch früher eine Wirtschaft, weisst du noch?«

Und die Leute, die vom Nebentisch zuhören, erwarten eine Geschichte, aber sie kommt nicht. Die Frage ist rhetorisch – aber das Nicken und das Schweigen ist so etwas wie eine Geschichte – oder mehr: es ist die Geschichte. Es ist: an Geschichte teilgenommen zu haben. Und es kann mitunter schön sein, wenn man beim Älterwerden nach und nach in dieses »Weisst-du-noch« hineinwächst und damit einen Tisch näher an den Stammtisch heranrückt; denn die Jungen, die wissen das eben nicht mehr, dass da, wo heute das

Photogeschäft ist, früher eine Wirtschaft war. Und sie werden es nie wissen, weil es ihnen nie wichtig werden wird und weil sich sehr wahrscheinlich kein Historiker darum kümmern wird.

Ein alter Bauer hat uns einmal auf dem Berg gesagt, dass da, wo wir jetzt stünden, früher eine Wirtschaft gestanden habe. Sein Grossvater habe noch davon erzählt. Die Mitteilung hat uns nicht besonders interessiert. Aber wenn wir an dieser Stelle vorbeigehen, dann sehe ich meinem Freund an, dass er daran denkt, und ich sehe auch, dass er weiss, dass auch ich daran denke.

Wir sprechen nicht davon. Dazu gibt es wirklich überhaupt nichts zu sagen – aber ich bin sicher, dass, wenn einer von uns beiden einmal nicht mehr sein wird, der andere genau an dieser Stelle an den andern denken wird.

Der Satz des Bauern war mit keiner Geschichte verbunden. Es schien sogar, dass diese Erwähnung für ihn nicht die geringste Bedeutung hatte. Offensichtlich – weshalb auch immer – hat die Erwähnung des Vergänglichen (dass hier einmal Mauern und Tische und Menschen waren) uns beide erreicht.

Aber es hat nicht nur mit Vergänglichkeit zu tun, sondern auch mit dem Umstand, dass durch Geschichte doch schon einiges besetzt ist: die Stelle des Tenors durch Caruso, die Stelle des Geigers durch Paganini und andere Stellen durch die Duse und vielleicht auch durch die Monroe – und, wenn ich an meinen Vater denke, etwa durch Egli und Oskar Egg und durch Litschi und Amberg und Diggelmann und Weilenmann (das sind Radrennfahrer) – nicht dass sie meinem Vater viel bedeutet hätten, aber ich habe die Namen durch ihn überliefert – irgendwie lege ich sie gerne auf den Tisch. Ich meine nicht ihre Leistung, und ich meine nicht ihre Bedeutung, aber ich fürchte mich vor der Vorstellung, dass ich einmal der Einzige sein könnte, der diese Namen – nur die Namen – noch im Kopf hat.

Wenn sie dann einer irgendwo erwähnen würde, wenn dann einer zum Beispiel Oskar Egg erwähnen würde (ich weiss nicht, ob der Name richtig geschrieben ist), wenn dann einer in der Zeitung von Egg schreiben würde – dann würde ich seinen Artikel fein säuberlich ausschneiden und an den Rand schreiben: »Mein Vater – geb. 1907 – hatte ein Fahrrad mit einem Egg-Wechsel, es war ein sehr zuverlässiges und gut gepflegtes Fahrrad – sogenannter Halbrenner –, und durfte ich es benützen, um den Gotthard zu überqueren.« Ich bin sicher, dass ich das tun würde.

Ich bin meinem Leser dankbar dafür, dass er getan hat, was ich an seiner Stelle auch tun würde (»tun werden würde« geht leider grammatikalisch nicht).

Wir sind jetzt drei, die mit der Bourbaki-Armee etwas zu tun haben: er, mein Vater und ich. Das ist zu gar nichts nütze, aber das ändert nichts daran, dass es das gibt.

In einem Gedicht von Ringelnatz, das von zwei »uralten« Eintagsfliegen erzählt, die am Ende des Tages (am Ende ihres Lebens) miteinander sprechen, gibt es den schönen Satz der Eintagsfliegenfrau: »Weisst Du noch, wie es halb sechs Uhr war?«

Erinnerung an und für sich, das ist schon viel.   22. 7. 78

Peter Bichsel
KINDERGESCHICHTEN

1995. 96 Seiten. Halbleinen

Peter Bichsels *Kindergeschichten* sind inzwischen ein Klassiker. Wer sie einmal gelesen hat oder vorgelesen bekam, der liest sie nun selber vor. Vielleicht werden sie deshalb so geliebt, weil sie zum Weitererzählen einladen und ihre Helden alle wesentlichen Fragen der Welt gründlich durcherzählen.
Und weil das Geschichtenlesen und das Vorlesen und das Weitererzählen etwas Wunderbares sind, hat der Verlag diesen Band für große und kleine Leser besonders schön in Halbleinen und mit Fadenheftung ausgestattet.

Luchterhand

Eveline Hasler
im dtv

Anna Göldin
Letzte Hexe
Roman · dtv 10457

Die erschütternde Geschichte des letzten Hexenprozesses in der Schweiz im Jahre 1782. Die eigenwillige und schöne Anna Göldin, die als Frau und als Dienstmagd am untersten Ende der sozialen Stufenleiter steht, wird zum Opfer des borniertenen, frauenverachtenden Justizapparats und der bürgerlichen Selbstherrlichkeit in der Provinz.

Novemberinsel
Erzählung
dtv 10667

Eine junge Frau zieht sich mit ihrem jüngsten Kind ausgerechnet im November auf eine Mittelmeerinsel zurück in der Hoffnung, aus einer psychischen Krise herauszufinden. »Die Gefühle und Gedanken dieser Frau, ihre Seelenangst, faßt die Autorin Eveline Hasler zu einer spannenden Charakterstudie zusammen.« (Hannoversche Allgemeine Zeitung)

Ibicaba
Das Paradies in den Köpfen
Roman · dtv 10891

Im 19. Jahrhundert sind Hunger und Elend in einigen Kantonen der Schweiz so groß, daß es zu einer riesigen Auswanderungswelle ins »gelobte Land« Brasilien kommt. Doch das vermeintliche Paradies entpuppt sich für die meisten als finstere Hölle.

Der Riese im Baum
Roman · dtv 11555

Die Geschichte Melchior Thuts (1736–1784), des *größten* Schweizers aller Zeiten. Eine Geschichte von Glanz und Elend, von Machthabern und Opfern – ein historischer Roman, der das 18. Jahrhundert in seiner ganzen Gegensätzlichkeit zeigt: als Epoche, in der die Wurzeln unseres modernen Denkens, aber auch der modernen Fehlentwicklungen liegen.

Siegfried Lenz
Die Erzählungen
1949–1984

3 Bände
in Kassette
dtv 10527

Siegfried Lenz ist
der Erzählung als einer
literarischen Form
nicht minder verpflich-
tet als die Erzählung
ihm. Man kennt ihn als
Romanautor, aber
man kennt – und
schätzt – ihn auch als
Geschichtenerzähler.
Diese drei Bände ent-
halten die Erzählun-
gen der Jahre 1949 bis
1984 in chronologi-
scher Reihenfolge,
von der ersten Skizze
›Die Nacht im Hotel‹
über ›Suleyken‹, ›Jäger
des Spotts‹, ›Das
Feuerschiff‹, ›Der
Spielverderber‹ und
›Einstein überquert
die Elbe bei Hamburg‹
bis zu ›Lehmanns
Erzählungen‹, den
›Geschichten aus
Bollerup‹ und der
Novelle ›Ein Kriegs-
ende‹.